幼儿教师必须修炼的10项教学技能

俞春晓◎著

中国轻工业出版社

图书在版编目（CIP）数据

幼儿教师必须修炼的10项教学技能/俞春晓著.—
北京：中国轻工业出版社，2014.1（2022.9重印）
ISBN 978-7-5019-9499-1

Ⅰ.①幼… Ⅱ.①俞… Ⅲ.①学前教育-教学研究 Ⅳ.①G612

中国版本图书馆CIP数据核字（2013）第252005号

总 策 划：石　铁
策划编辑：高　君　　　　　　　　责任终审：杜文勇
责任编辑：吴　红　高　君　　　　责任监印：刘志颖

出版发行：中国轻工业出版社（北京东长安街6号，邮编：100740）
印　　刷：三河市鑫金马印装有限公司
经　　销：各地新华书店
版　　次：2022年9月第1版第5次印刷
开　　本：710×1000　1/16　印张：12.50
字　　数：94千字
印　　数：11001—13000
书　　号：ISBN 978-7-5019-9499-1　定价：25.00元
读者热线：010-65181109，65262933
发行电话：010-85119832　传真：010-85113293
网　　址：http://www.chlip.com.cn　http://www.wqedu.com
电子信箱：1012305542@qq.com
如发现图书残缺请与我社联系调换
120405Y1X101ZBW

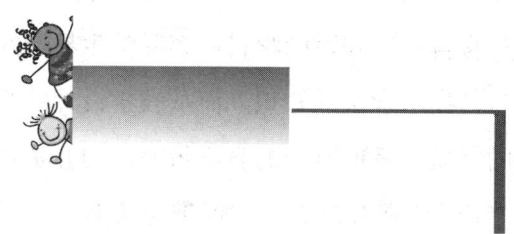

推 荐 序

要想提高幼儿园教育教学质量，教师需要从知识建构的视角，提升教学设计的能力。其中，如何将教学设计的理论指引有效地运用到教学现场是其中一个重要的命题。幼儿园的教学活动虽然与中小学有着极大的差异，但教学本质是一致的，即通过有效的程序，促使儿童多元发展。而事实上，在幼儿园教育教学实践层面，教学设计理论对教学实践的支持还极为欠缺。对于在课堂教学中，教师需要怎样的知识、应以怎样的教学设计来支持教学还更多地停留在感性层面。

本书以教学设计的思维，从幼儿园教学现场的实践纬度出发，提出了"让活动富有意义"、"为活动提供保障"、"促进儿童多元发展"、"让活动趣味化"、"顺利导入活动"、"恰当呈现活动内容"、"让环节自然递进"、"搭建教学支架"、"巧妙了解儿童经验"以及"活动现场灵活应变"十项实用性的幼儿园教学技能，并通过大量鲜活的案例与实际操作策略很好地将教师的教学设计能力案例化与现场化。

　　1986年舒尔曼提出学科教学知识概念，它是一种实用性知识，其本质是关于教师将自己所知道的学科内容以学生易懂的方式加工、转化、表达与传授给学生的知识。而从教学设计的纬度来看，意指结合儿童的特质，采取有效的教学策略，向儿童传递有益的知识。所以，"让活动富有意义"、"促进儿童多元发展"、"巧妙了解儿童经验"、"让活动趣味化"、"搭建教学支架"、"活动现场灵活应变"是教师们顺利开展教学活动必需的专业技能。

　　同时，加涅的"九大教学事件"，即"引起学习注意、交代学习目标、回忆相关旧知、呈现教学内容、提供学习指导、引发行为表现、给予信息反馈、评价行为表现、强化保持与迁移"为教学提供了可参考的教学步骤，并被广泛地接受与运用。随着对教师知识与教学设计研究的进一步深入，更多的教学变量以及这些教学影响元素将以怎样的方式、何种时段出现在教学结构中，需要教师有所思考。因此，如何"为活动提供保障"、"顺利导入活动"、"恰当呈现活动内容"、"让环节自然递进"等教学技能可以帮助教师在面对教学现场时不至于手忙脚乱。

　　本书作者俞春晓老师从一个幼儿园实践反思型专家的视角，提供了可学、可用的教学实用技能，将为幼儿园教师的专业成长提供很好的支持。

吕耀坚
浙江师范大学杭州幼儿师范学院

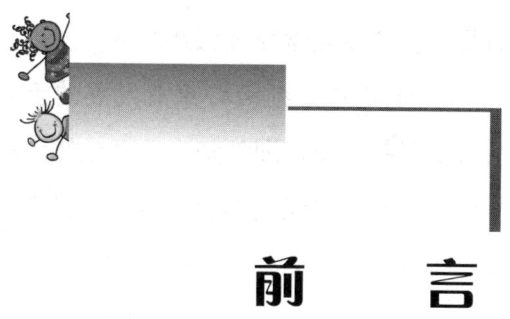

前 言

开始动笔写这本书的时候,正是学前教育的多事之秋。孩子被揪耳朵取乐、被照紫外线"消毒"、被电熨斗烫作为惩罚……这些事件让人不得不更深刻地思考幼儿园教师的专业化问题。

笔者认为,幼儿园教师的专业化,不是表面上能唱歌、会跳舞这么简单,它首先应该是教师在思想理念上对这个专业有深刻的认识。就拿"揪耳朵"事件来说,该教师会出现这样的行为是因为她没有建立起"儿童是具有独立人格的,应该被尊重"这样的专业理念,她更没有意识到,她这样的玩闹行为已经侮辱到幼儿的人格、损害到幼儿的身心健康了。笔者在网上也曾看到网友留言,说这样的"揪耳朵"行为是当地常见的打闹形式,没什么大不了的。但这正说明了"专业化"的问题,教师和幼儿的姑姑阿姨、叔叔舅舅的身份是决然不同的。教师是具备教育专业知识和能力的一份职业,这个职业要求其所属人员的意识、行为必须符合这个专业的要求,如果教师的意识和行为等同于普通的家长,那又怎么能被称为"教师"呢?

纵观当前学前教育的种种问题，其根本原因还是由于幼儿教师入职门槛低、部分幼儿园教师专业素养较低造成的。所以，提升在职教师的专业素质成为近几年学前教育事业发展的重要工作。这里还有一个问题需要引起重视，即教师专业理论知识和实践智慧之间脱节，也就是说我们也许能培训教师背诵很多教育理论及教育法规，但是真的面对儿童、面临具体问题的时候，教师却运用了隐藏在内心的、传统的、错误的理念，从而出现行为的偏差。这也就是"冰山理论"所解释的，露在海面上可以看见的"冰山"是教师嘴巴里所能表述出来的教育理念及专业知识，但是真正引导其行为的是在海平面之下庞大的也许教师自己也模棱两可的思想。教师的专业培训只有撬动这看不见的"冰山"，才能真正帮助教师转变行为。

笔者基于这样的思路开始写本书。本书针对的是教师的实践智慧，帮助教师梳理在特定的教学情境下有效的行为经验。同时，这本书尝试将这种经验进行提升，找出这样做的理论依据，从而使这种实践能力内化为教师的一种教育思想，使教师能在不断变化的教育情境中做出正确的决策，采取有效的行动，从而真正体现教师的专业素养。

事实上，在本书撰写的过程中，笔者也在不断地挑战自己。因为每每涉及一些话题，总是由此及彼地引发了笔者更多、更深入的思考，而有些问题笔者还不能很快地找到满意的答案，所以在论述中有许多不成熟的地方，希望读者见谅，也欢迎同行们提出宝贵的批评意见。

同时，本书中所列举的很多案例，有的是和笔者一起研修的伙伴们提供的，有的是笔者在日常走访、听课中记录的，在此感谢各位。这些案例给笔者提供了鲜活的教学现场，同时，在与各位伙伴们交流讨论的过程中所形成的思想和理念更是笔者最宝贵的一笔精神财富！

2013 年 9 月 1 日

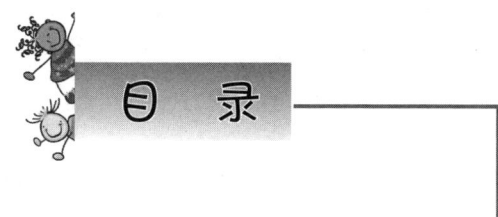

目 录

推荐序……………………………………………………Ⅰ
前言………………………………………………………Ⅲ

修炼 1　让活动富有意义的技能……………………… 1
修炼 2　为活动提供保障的技能……………………… 27
修炼 3　促进儿童多元发展的技能…………………… 47
修炼 4　让活动趣味化的技能………………………… 71
修炼 5　顺利导入活动的技能………………………… 85
修炼 6　恰当呈现活动内容的技能…………………… 95
修炼 7　让环节自然递进的技能……………………… 111
修炼 8　搭建教学支架的技能………………………… 131
修炼 9　巧妙了解儿童经验的技能…………………… 153
修炼 10　活动现场灵活应变的技能…………………… 175

修炼 1

让活动富有意义的技能

通常，我们总是说要让教学"有效"。在这里，笔者想说的是应该让教学活动"有意义"。因为"有效"，往往意味着有效果、有效率，是多快好省的，是立竿见影的。而学前教育，大家都明白，有时候对于儿童发展的成效并不是那么立竿见影，过程也不能那么地多快好省。因为学前教育更强调那些在教育过程中对儿童终生发展产生影响力的因素，如快乐、饱满的情绪、满足感和成功感、积极专注地投入活动、乐意互助和分享的品德、耐心、细心、恒心等。所以，其真正的"效果"，应该是教学活动作用于儿童的"意义"所在，是教学活动促进儿童发展的那些价值的体现。

 案例

她学到了什么

这天，教师在中（一）班开展的是"磁铁能吸住什么"的活动。她首先让孩子们聚集在黑板前，拿出一块磁铁问孩子们："这是什

么？"然后，请孩子们说说它能吸住什么。孩子们开始七嘴八舌地讨论，教师听后便把他们的猜测记录到表格中"猜测"一栏里。当大家在争相发表意见的时候，甜甜却有点儿心不在焉，整个人呆呆的，没有参与到大家的讨论中去。

接下来，教师在桌上给每个人放了一小盘材料：一块长方形磁铁、一张小纸片、一块小布片、一个回形针和一个小木片。然后，请小朋友们操作这些材料，看看谁是磁铁的"好朋友"，能被它吸住，并在纸上记录下来。孩子们纷纷走到桌边去实验。甜甜却拖拖拉拉的，好不容易才找到个座位坐下来。

然而，拿到材料的甜甜却像变了个人，脸上露出灿烂的笑容，看来她很高兴能做这个实验。只见她认真地拿起长方形磁铁，然后又拿起小纸片，小心地把纸片贴到磁铁扁扁的侧面，松手，纸片飘落下来。她惊讶地"哦"了一声，然后放下材料，拿起老师准备好的纸笔在记录表中关于纸片的栏目里打上叉。

接下来，甜甜试了布片，结果依旧吸不住。她又拿起回形针，在磁铁侧面贴了一下，然后松手，回形针也掉了下来。甜甜因为有了前两次的经验，所以见怪不怪地放下材料打算记录结果。刚巧，教师巡视到了她的旁边，一眼看到了她的操作，急忙拿过甜甜的磁铁，边示范边说："瞧，要用磁铁的头去吸！看，这不就吸住了吗？"看到回形针被稳稳地吸住了，甜甜瞪大了眼睛，非常吃惊。教师亲切地说："快点记录下来！我们要交流啦！"这时活动室开始嘈杂起来，大部分孩子做完了实验争着向同伴和老师报告，于是教师开始招呼孩子收拾材料重新坐回到黑板前来。

在这纷纷扰扰中，甜甜抿紧了嘴，皱起了眉。她没有按照老师说的做，而是重新拿起磁铁模仿老师的样子去吸回形针，回形针被稳稳地吸在磁铁头上。接下来,她依然没有记录,而是拿起刚才的小纸片放到磁铁头上,纸片轻轻地飘落下来。"哦,还好。"甜甜的眉头松开了。虽然旁边的小伙伴搬动椅子撞到了她的手臂和腿,但是她毫不在意,又把磁铁对准了刚才的布片。布片实验的结果依旧。甜甜大大地松了口气。她抬起头来观望,发现大家都已经回到老师身边了。甜甜开始收拾材料,搬动椅子。等她回到集体中时,大家的总结交流就快结束了,甜甜只好茫然地坐在一边……

这是一个很常见的教学活动,目标清晰——让儿童通过自主操作了解磁铁能吸住铁制品这个特性,且过程流畅。所以,教学活动的目标是让孩子们多快好省地获得这个知识点,即达到有效教学。但是,从这个教学片段中,你看到教学的另一层意义了吗?甜甜的学习表现有没有让你感到一丝欣慰?是的,这更深层次的意义对儿童的教育价值才是非同凡响的。上述活动对甜甜来说,也许有很多遗憾:她没有完成所有的实验任务,没有参与集体的讨论,也没有听清楚老师对磁铁特性的最后总结,甚至差点就得出了错误的结论。但是,这个活动过程对她具有重大的意义:为她提供了认真专注地去做实验的机会;在尝试—观察—确认—记录的过程中培养了她的专心、耐心和信心;尤其是发现自己的错误时,她不顺从权威,能及时反思,坚持通过亲自实践来验证结果,这种对待科学的严谨的态度可能比知道"磁铁能吸住铁的东西"这一常识更宝贵。我们坚信,活动结束以后,当甜甜有机会再次拿到磁铁时,她一定会继续去尝试、探索,以完成她还没有完成的任务。所以,如果教师过于追求教学的即时效果,可能会

忽视活动过程中儿童潜在的成长。只有关注到教学过程在儿童成长中多方面的价值和意义，才能通过活动更好地促进儿童的发展。

那么，怎么能让教学活动富有意义呢？教师可以从以下几个方面进行实践。

（一）树立正确的教育观

以下是几种教育观，看看你是怎样看待这些的。
- 儿童就像一张白纸，需要教师去精心描绘。
- 要想给孩子一杯水，教师就需要有一桶水。
- 不能让孩子输在起跑线上。
- 孩子在教学活动中的主要任务是学习。

你对这些观点有怎样的看法呢？是否认同这些说法？其实，这些观点从不同的方面考察了你的教育观念。

第一个观点，是考察你对儿童的定位。从某种角度上来说，幼儿阶段确实是人生的起步阶段，是最可塑的阶段，需要成人去教育、去引导。如果教育不得当，很可能在儿童的发展过程中留下"败笔"。不过，伴随着现代教育理论和脑科学的发展，我们还需要注意两点：第一，儿童从出生开始就不是一张白纸，他们有着超强的天然学习能力和自主建构的原动力。所以，不要以为孩子在傻傻地等着你去"教"，其实，他们分分秒秒都在"学"。而且，他们的学习方式还常常超越你的想象。因此，别只想到"自说自画"，更要想想面前的这些活生生的小精灵，他们会吸收、会拒绝、会思考，常常在你不经意间走在了你的计划之外。第二，儿童出现在教师面前的时候更不是一张白纸。遗传、环境和家庭的影响都在他们身上打上了烙印。所以，一百个孩子有一百种语言，一百个孩子有一百种前经验。不要妄想把孩子都教成像一个模子里出来的。此外，教师还要做好充分的思想准备，在教学过程中孩子会出现各种意料不到的反应。同时，教师更需要好好想一想，在自己的教学过程中，每个孩子是否有机会做他自己，是怎样做他自己的，以及是以何种方式和节奏成长的。

第二个观点，是考察你对教师能力的认知。作为专业人员，教师必须具备充足的教学知识和技能。最大化地充实自己，丰富自己的学识和修养，是每一位教师必须做的。不过，作为一名21世纪的教师，你还必须注意两点：第一，教师的这桶"水"不仅仅指知识，还应该包含正确的世界观和人生观以及良好的习惯、品德等综合素养，因为我们的教学不只是为了把知识传递给孩子，更是要让他们学会做人。所以，在教学过程中让儿童获得成功和满足、收获爱和友谊、得到自尊和自信等才是教育的真谛。第二，孩子需要的不是水而是水源。在知识大爆炸的年代，孩子们需要的是学习知识的能力，是钓鱼的方法，而不是一条或几条鱼。所以老师们，不要急着把你们那点儿水倒给孩子，帮助孩子找到那些能获得水的最好、最快的方法吧！

第三个观点，是考察你如何看待学前教育。现在的人们普遍意识到，在6岁前所接受的教育能为人的一生发展奠定坚实的基础。所以，各国越来越重视学前教育。英国、美国多年前就出台了"开端计划"，希望为孩子在人生的起跑线上助一臂之力。但是，到了中国，这句话就被歪曲理解了，成了"提前学习"的代名词。所以，学前教育工作者应该清醒地认识到，不输在起跑线上，是强调大家要重视学前教育的价值和作用，但是这不等于说幼儿园

的孩子要提早开始学习一些小学的内容,把教育的竞争压力向学前倾斜。它是指幼儿园教师应该抓住学前儿童的发展需要和特点,把握学前教育的核心价值,在个性、品德、行为习惯等方面为孩子打好可持续发展的基础。

第四个观点,是考察你如何看待幼儿园的教学活动。也许你会惊讶,难道孩子在教学活动中的主要任务不是学习吗?对于这个问题,要从两个方面来认识。首先,儿童在教学活动中首先应该是寻求快乐。设想一下,如果在一个"认识磁铁"的活动中,孩子们是在教师严厉的训斥中操作,在"怎么那么笨"、"怎么还弄不清楚"的辱骂、贬低声中得到了关于磁铁的知识,这种学习有意义吗?还不如丢块磁铁让孩子们随便玩呢,或许他们会发现和得到更多的知识,更重要的是他们在这个过程中收获了更多的快乐。所以,获得自尊、自主、快乐是孩子们在教学活动中首先应该得到的。其次,学习的"快乐"来源是多方面的,并不是让孩子们嘻嘻哈哈、玩笑一通就可以了。真正发自内心的快乐是每个孩子对自我价值、能力的感知。比如,"哦,原来是这样的!"——获得知识时的快乐;"哈,我也会啦!"——能力发展时的快乐;"嘿嘿,还是我想的办法管用!"——获得肯定时的快乐;"嗯,我一定要成功!"——挑战同样能让人体会到快乐……所以,快乐还是离不开学习的,重点在于学什么和怎样学,这些我们将在后面的章节中详细展开。

讨论了上面的话题,你是否对教学活动的意义明晰起来了?那么,现在请做以下练习,来进一步提升自己的教育理念吧。

【1】请梳理、罗列出中国的孔子、法国的卢梭、德国的福禄贝尔、意大利的蒙台梭利、中国近代的陈鹤琴和陶行知的基本教

育理念，仔细比较他们思想中的异同，看看他们的哪些理念在目前的教育教学中仍然行之有效；哪些随着社会的发展，需要重新审视。

【2】用列图表的方式对比分析皮亚杰和维果斯基对儿童的看法，分析解读其异同点。

【3】根据皮亚杰对儿童发展阶段的论述，从自己的实际观察中去找到相关的儿童行为案例，把理论和儿童现实的行为联系起来。

【4】研读"建构式学习理论"和"多元智能理论"，梳理和罗列出它们的核心思想。

【5】举例说明让儿童自主建构的教学方法。

【6】举例说明儿童多元智能在教学活动中的表现形式。

【7】举出1～2个自己在教学中成功和失败的案例。

如果你能认真地做好以上训练，那么再看到孩子们的时候就会从容淡定很多。因为孩子们那些奇奇怪怪、令人气恼不已的行为已经被古今中外的教育家们研究多时了。你再也不会觉得孤单，因为你已经站在先辈们的肩膀上，并在沿着他们的足迹继续往前走呢。

同时，建议你最好能和同伴、师长交流你的学习心得，这也是提升你自己教学技能的有效一环。

（二）评估教学内容的教育价值

现在，请打开你的课程计划，看看你所选用的教学内容有哪些。然后思考，你为什么选择了这些教学内容，它含有哪些儿童

必不可学的知识,它有助于儿童哪些能力的发展,它能为儿童解决怎样的现实问题。

其实,每个教学活动的开展都会对儿童产生不可估量的影响,这种影响就是教育的价值,主要表现在对儿童长远发展的作用和对儿童近期发展的指导两个方面。

 案例

认识交通标志

S老师在五月份开展了一个关于了解成人劳动的主题活动。在认识交通警察的活动中,她发现孩子们对交通标志有很大的兴趣,于是由此生成了一个"认识交通标志"的活动。在活动中,她让孩子们认识了许多交通标志,如红绿灯、禁行、禁止掉头、限速100千米/小时、禁止停车等。在认识完以后,她让每个孩子手拿小驾驶盘学做小司机,到布置好的"马路"上去巩固对标志的认知,体验交通规则。

S老师能从儿童的学习中发现儿童的兴趣点灵活地生成活动,并能把活动设计得非常游戏化,同时注重儿童的体验,非常好。这里我们要讨论的是,这个活动中具体的教学内容到底会对儿童产生哪些影响呢?首先,是对儿童长远发展的影响——提高安全意识。从这点来说,这个活动是有价值的,因为安全意识的培养对儿童的一生都具有重要意义。那么对儿童近期发展的指导作用呢?可以看出,这个活动的出发点是儿童作为一名司机应该注意交通安全。可是请想一想,孩子上完课就要开车上路了吗?限速100千米/小时、禁止掉头等真的是儿童目前

生活中必须要解决的安全问题吗？答案是否定的。所以，这个活动不具备对儿童当前生活的指导价值，那么其长远的教育价值也就打了折扣。

其实就儿童当下的生活而言，培养安全意识还是很有必要的。孩子们不会开车上路，但是去公园、动物园、游乐园的机会是很多的，而在这些地方，孩子们往往希望挣脱大人的手臂，独自游戏。那么在这些场所，孩子们该注意哪些安全问题呢？这些场所中有哪些标志？这些标志是什么意思？想上厕所时要看哪个标志？餐厅的标志是什么？这个复杂的路标告诉人们要看大象该往哪里走？这条小径上的标志是提醒大家需要注意什么？找不到大人了该找哪个标志……好，我们找到了很多适合孩子们学习的标志，那么现在我们就能设计一个关于"游乐园里的标志"的教学活动了。在这个活动中，我们能让孩子们学会看他们经常需要用到的标志，真正做到能独立"迈步上路"，并建立起时刻保持自身安全的一种意识，而这种意识是由孩子们学到的知识来支持的，是孩子们能付诸实践的。

从这个案例中，你是否发现了一个评估教学活动价值的关键原则？这个关键原则是：教学内容的选择不仅要符合儿童长远发展的方向，还要从儿童当下的现实需要中进行"微观突破"，从而对儿童的发展具有现实的教育意义。

读了上述内容，你应该对教学内容的价值取向有一定的了解了吧。接下来，请来做以下的练习吧。

【1】研读和理解下面这个教学活动过程，尽可能多地找出其中涉及的儿童发展点。

中班语言活动：小乌龟看爷爷

活动过程

1. 观察封面

（1）请幼儿观察封面，猜测故事可能讲些什么。

指导语：今天老师带来了一本书，请你们看看封面，猜猜这本书会讲些什么呢。

（2）请幼儿说说自己为什么这么猜测。

指导语：你从哪里看出来的呢？

（3）小结：原来图书的封面藏着很多故事里的秘密呢。

2. 阅读图书第一页

（1）翻开图书第一页，讲述故事第一段：小乌龟想爷爷了，它想去看爷爷，顺便给爷爷带一份礼物。

（2）请幼儿猜测：小乌龟会给爷爷带什么礼物呢？

3. 阅读图书第二页（图1.1）

（1）请幼儿观察画面：小乌龟给爷爷带了什么礼物？（光秃秃的苹果树）你是从哪里看出来的？

（2）请幼儿观察树的结构：这些是树的什么？（树干、树枝）这棵树为什么没有树叶？（冬天树叶落了）树的下面为什么包着泥土？（请幼儿观察翻开的局部图片，观察了解树根）

（3）出示一棵真的盆景树，请小朋友帮助把树搬到小乌龟的背上，感受树的沉重。

4. 阅读图书第三页（图1.2）

（1）请幼儿观察画面：大树发生了什么变化？（开花了）这说明什么季节到了呢？（春天）

(2) 出示蝴蝶和蜜蜂：谁飞来了？它们来干什么？（请幼儿模拟蝴蝶和蜜蜂到苹果树花上采蜜，教师根据幼儿的表演用语言描述他们的行为）

5. 阅读图书第四页（图1.3）

(1) 请幼儿观察画面：大树又发生了什么变化？（结出小青苹果）什么季节到了呢？（夏天）

(2) 出示小鸟：谁来了？它们来干什么？（吃苹果）

(3) 讨论：小乌龟要不要请小鸟吃苹果？为什么？（请幼儿讨论苹果该留给小鸟吃还是留给爷爷吃）

6. 阅读图书第五页（图1.4）

(1) 观察画面：现在苹果怎么样了？（苹果成熟了，爷爷的家到了）

(2) 出示乌龟爷爷：小乌龟和爷爷心情怎样？（开心）

7. 完整欣赏故事

教师翻开图书完整讲述一遍故事。

图1.1　　　图1.2　　　图1.3　　　图1.4

附：故事

小乌龟看爷爷

小乌龟想爷爷了，他说："我要去看爷爷，顺便给他送一棵苹果树去。"

小乌龟把苹果树绑在背上,出发了。

走啊走啊,苹果树开花了。蜜蜂来了,蝴蝶也来了。

走啊走啊,苹果树结出苹果了。小鸟来了,大鸟也来了。

走啊走啊,苹果成熟了,爷爷的家到啦!小乌龟和爷爷真开心。

这个教学活动是以故事为基点设计的。故事非常简单,讲述了一只小乌龟背负着一棵苹果树,从冬天一直走到秋天的经历。根据画面所示,这个故事突出表现了一棵苹果树在春、夏、秋、冬的不同生长特征,含蓄地表达了小乌龟行进得非常缓慢。

很多教师在分析教材时只注意到了它的显性价值,即关于季节变化的知识及"关爱长辈"的品德教育。在开展教学活动时,教师通常只是简单地讲述几遍故事,选取表面的问题进行提问,比如"苹果树发生什么变化了?那是什么季节呢?"、"小乌龟爱不爱爷爷啊?"但是这样的教学活动比较枯燥,对孩子来说也不具有吸引力。而上面的这个教学活动设计则更多地考虑了儿童的现实发展需求,从微观层面入手对每幅故事画面的教育价值进行了更深入的挖掘。

(1)挖掘了早期阅读的教育价值。比如,教师一开始就拿出图书,让幼儿观察封面。因为很多中班的孩子虽然熟悉了图书,但对图书的整体结构还不是很了解,有的孩子还不能准确地说出"封面"这个词,也不理解书为什么会有封面,所以教师通过让幼儿观察封面,尝试从封面猜测故事里的内容,从而让幼儿理解封面的意义,并对图书的整体结构有所了解。

(2)挖掘了关爱老人的教育价值。如果仅仅就故事情节来告诉幼儿要关爱老人是很空洞的,所以教师设计了一个"猜猜小乌龟会为爷爷送什么礼物"的问题,目的在于鼓励幼儿从具体的情境中去学习关心老人的方法。很多幼儿能从画面上的雪想到为爷爷送冬天的物品,也有幼儿会从自己日常的经验中想到老年人需要老花镜、软点心等,从而让"爱"的教育不流于空洞说教,而具有操作性和指导性。

(3) 挖掘了关于植物认知的教育价值。这个素材已经呈现了关于植物生命周期的认知内容,而教师还挖掘了"让幼儿尝试了解树的整体结构"的教育价值。中班幼儿经常给自然角里的花花草草浇水,但是对浇下的水到哪里去了、有什么用并不是太理解。所以教师在画面中这棵树的根部剪开口子,在里面贴上树根的图片,帮助幼儿完整地看到一棵大树"根—茎—叶"的整体形态,从而了解根埋在泥土里的作用,增长幼儿的科学认知,也为幼儿认识后面画面中大树四季的变化打下基础。

(4) 挖掘了关于"重量"这个物理概念的认知价值。对于幼儿来说,"轻"和"重"是非常抽象的概念,所以教师在讲到小乌龟把树背在身上时,准备了一棵真实的盆景树请幼儿帮忙搬到小乌龟的背上去,而孩子们往往需要几个人一起合作才能完成任务,在这个过程中真实感受到了"沉重"的意义。

(5) 挖掘了语言学习的内涵价值。一般来说,教师对儿童语言学习的认识停留在词和句型的机械训练上,而在这个教学活动中教师更注重帮助幼儿建立语言和行为之间的联系。比如教师先请幼儿来表演蜜蜂和蝴蝶,然后用语言描述孩子们的动作,如"哦,刚才有一只蜜蜂飞来了,它小心地绕着大树飞了一圈就回去啦"或者"刚才有一只蝴蝶飞来了,它使劲地用嘴巴去吸花蜜,然后抱着满满的花蜜飞回去啦"。本来孩子们是无意识做的动作，但是当这些动作被老师用幽默的语言描述出来时，他们立刻对自己的动作在意了，会有意识地去表演一些动作，同时也更深刻地理解了教师的语言。这种练习为幼儿搭建起语言和动作、事件之间的桥梁，使他们将来读小学时能很容易地理解作文就是把做过的事情记录下来，实现口头语言向书面语言的跨越，做好了从"讲出来"到"写下来"的准备。

（6）挖掘了问题解决的教育价值。在故事讲到"苹果树长出小苹果，小鸟来了"的时候，教师提问："小鸟是来干什么的？"幼儿很自然就想到是来吃苹果的。于是，教师提出了一个两难问题："苹果如果给小鸟吃了，那么爷爷怎么办？如果苹果留给爷爷，那么小鸟饿了又怎么办？"有的孩子直言不讳地表示要留给爷爷；有的孩子大方地表示要全给小鸟；有的孩子说给小鸟1个，其他的给爷爷；有的孩子则数图上苹果的数量要均分。简简单单的一个小鸟吃果子的画面，教师却挖掘出矛盾冲突让幼儿解决，以促进幼儿思辨能力的发展，提升他们巧妙解决问题的能力。

从上述表述可以看出，这些教育内容价值的挖掘，都来自儿童成长的现实需要。当然，你还可以挖掘出这个素材蕴含的更多的教育意义，但这首先需要你开动脑筋，能深入剖析素材；其次，需要你敏锐地了解幼儿在发展的过程中需要什么。

【2】请观察下面的牛奶盒，思考它所拥有的教育元素。如果请你利用食品包装袋来设计一个教学活动，你会选择哪个元素来作为教学内容？

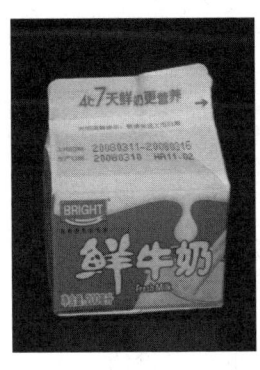 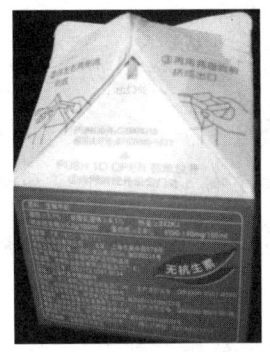 

图 1.5　　　　　　图 1.6　　　　　　图 1.7

食品是生活中不必可少的，而包装袋（盒）则是生活中常见的物品。儿童接触食品及其包装袋的机会也很多，所以这是一个很好的教学素材。但是，选择哪个点作为教学内容，却需要教师好好思考。

很多教师习惯把食品安全教育作为内容，要求幼儿能找到包装袋上的生产日期及保质期，让儿童推算此食品是否安全。这些连成一串的数字把孩子们弄得眼花缭乱，而且保质期有的是 3 个月，有的是 2 年，有的是 180 天，没有这些年、月、日换算基础的孩子，更是学得一头雾水。所以，好的素材要变成好的教学内容，还需要教师充分开动脑筋。

首先，教师需要看看这些食品包装袋（盒）上都有些什么内容。

- 图画。这个盒子的正面最上端有一大滴淌下来的洁白的牛奶，顶端有如何打开盒盖的示意图；侧面的角落里有食品安全的标志——蓝底白字的"S"；旁边还有把空盒投入果壳箱的提示图。
- 数字。盒子上面有 4 和 7 两个明显的数字以及一些细小的数字。

- 文字。最明显的要数"鲜牛奶"三个字了,其他密密麻麻的是说明性文字。
- 设计与色彩。这个包装盒的外观是类似房屋的形状设计,盒子上有蓝色、红色、绿色等颜色的协调搭配。

接下来,让我们逐条分析这些素材对幼儿的教育价值。

(1)画面。首先,看清楚包装袋(盒)上面的基础画面,它标明了包装袋(盒)里面物品的基本信息,比如这个盒子上是一滴牛奶及倾斜倒向杯子的牛奶。那么,要不要让孩子看这些画面?笔者认为很有必要。这可以让孩子学会判断这个袋子里面装的是什么,是否是自己所需要的。尤其对于低龄幼儿来说,甚至分不清食物和非食物的区别,他们因误食一些药物、有毒物品造成中毒的事例屡见不鲜。所以,教孩子从包装袋的图案上识别食物和非食物以及是何种食物是一个很不错的教学内容,因为"学会生活"是幼儿园教育的重要内容。其次,关于开盒的步骤示意图,要不要让孩子看?当然应该看。因为这对孩子来说是重要的生活能力,可以让他们学习自己的事情自己做,不依赖大人。同时,对于这个直观的图画,也要教孩子们学会看懂,这和我们手工活动中教孩子们看折纸的步骤图是一个道理。所以,教会孩子自己动手打开各种食品包装也是非常有价值的教学内容。再次,要让孩子认识包装上的安全标志"S"吗?这个好像没有必要。因为这个标志在中国民间认知度不高,人们在日常生活中还没有形成根据这个标志来选购食品的意识。更重要的是,选择安全合格的食品是成人的责任。所以这个内容的学习不是孩子们现在的任务。最后，当然是那个"不乱丢瓜皮果壳"的提示图了，不用笔者赘述，教师们应该都能想到，这种良好行为习惯的培养是学前教育重中之重的内容。

（2）数字。数字在生活中很常见，但是教师要清楚，数学本身有着非常严密的逻辑体系，而且数学的学习在不同年龄阶段儿童的身上有很大的差异。所以，如果要利用这些数字，教师不仅要思考孩子的年龄，还要考虑这些数字在数学体系中的意义。比如这个牛奶盒中的"4"和"7"，如果让中、大班的儿童单纯地认读一下数字是没有问题的，但要注意，这两个数字后面所跟的"度"和"天"让这两个数字表达了完全不同的两个概念：4"度"是指温度，7"天"是指时间。要想让孩子们真正理解这两个概念，恐怕需要系列主题活动来支持了。所以，选择数字的教学要慎重。

（3）文字。要不要教幼儿园的孩子认字的争议已经存在很久了。笔者不赞成让学前儿童提早学习认字、写字，但是文字在生活中随处可见。所以，一味的回避不是办法，在儿童接触到的时候让他们自然随机地认读一下是可以的。尤其对于大班下学期的儿童，他们即将上小学，应该培养他们对文字的兴趣和敏感性，所以，在引导幼儿结合图案辨别袋中物品的时候请他们随机地认读一下食物的名称也是很不错的选择，它可以让孩子知道食物的准确称谓。

（4）设计与色彩。俗话说，"生活中不是缺少美，而是缺少发现美的眼睛"。发现美的眼睛从哪里来呢？是从小培养起来的。但我们在日常生活中往往不太注重引导儿童对美的关注。从这个案例中我们可以看出，小小的一个包装盒，也是经过精心设计的，

比如，为什么选择蓝色为底色呢？因为蓝色表达了一种纯净感，让人仿佛看到蓝天白云之下悠闲的牛群，从而对这个品牌油然而生一种信赖感。所以，让中、大班的孩子来欣赏各种食品的包装设计，说说自己最喜欢的部分，谈谈为什么这个包装上画这个图案，或用这种颜色，并且亲自为某个食物设计一个包装图案，应该也是不错的教学内容。

做了上面的两个练习，相信你已经知道该以怎样的标准去判断一个教学内容是否对儿童有价值了。现在，你可以按照以下的步骤试着去设计和调整你的教学内容。

步骤1：以近阶段教育计划为基础，找出作为教育者想要传递给孩子的教育愿望。想想自己为什么会产生这样的教育愿望，是因为长远的发展规划，还是因为近期看到了儿童某些方面的问题或他们出现的兴趣点。同时，思考长远规划和近期需要之间是否具有联系，以及具有怎样的联系。

步骤2：把自己的教育愿望转换成儿童的视角来看：他们在这个教育愿望中首先需要解决的是什么？他们已经具有的经验有哪些？这些愿望和儿童目前的经验之间是否有联系？

步骤3：思考这些教育愿望需要通过怎样的内容载体来传递给儿童。查阅和分析所拥有的各种素材，选择能实现这些教育愿望的内容，罗列并梳理它们的递进关系。

步骤4：从素材本身的领域特点来审核教学内容，思考这个内容能为儿童带来哪些重要的发展，比如一个故事，是其语言文字朗朗上口特别吸引人呢，还是其内容曲折富有教育意义？

步骤5：从能力、情感、态度方面审核教学内容，思考这个内容除了知识之外还能为儿童带来哪些方面的重要价值。

步骤6：把素材的领域特性与儿童能力、情感、态度的发展进行有机整合，确认该教育内容的主要价值目标及辅助价值目标。

步骤7：重新回头审视自己开始的教育愿望及儿童发展的问题，看看自己最终确认的教育主目标和副目标是否能很好地解决教育的出发点。

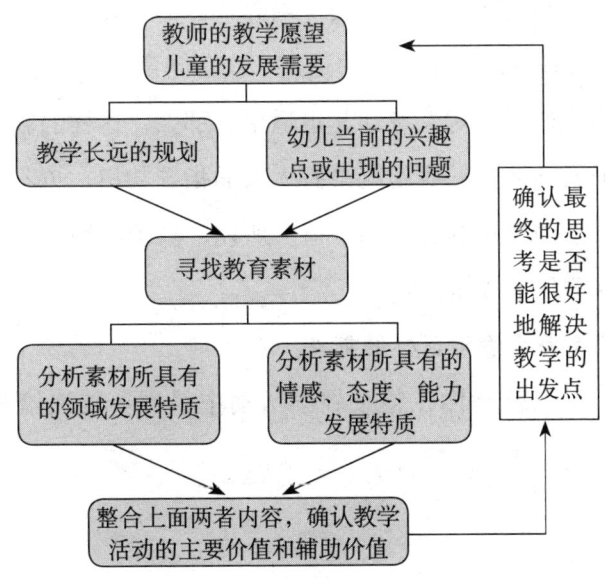

图1.8　审议教学内容流程图

运用上面的思考流程，你会发现，现在你所确定的教学内容及其所能传递给儿童的价值观基本能吻合你最初设想的教学愿望了。这样，你就可以开始撰写教学目标了。

（三）厘清教学活动的目标

这是让你的教学活动富有意义的最关键的能力之一。因为上述对教学内容价值和意义的思考，如果没有仔细梳理就撰写下来，最终还是凌乱和模糊的。所以，要想让教学活动真正对儿童产生意义，就请把教学活动的目标一条条认真地写清楚吧。你会发现，这个过程能帮助你更好地分析教材、反思上一阶段的工作，并加深对这个教学活动的认识！

在制定教学目标的过程中，教师们通常出现的问题是把目标制定得非常宽泛、空洞，如"鼓励幼儿大胆地表达自己的感受和理解"、"发展自我保护能力"、"培养集体的合作精神"等。这样的目标，放在音乐教学活动中适用，放在体育教学活动中也可以；对小班幼儿适用，对大班幼儿也适用。那么，这样的教学目标对具体某个教学活动的实施就没有太大的指导功用，也不能表现出这个教育活动真正的意义和价值。所以，教师在制定教学目标时可以从以下几个方面去做：

1. 确定每个教学目标的重点

这个重点就是你在整个教学活动中最想要传递给孩子们的观念。

 案例

弯弯曲曲的线条

"弯弯乐园"是一个以粉笔画为主要内容的活动。A教师提出的教学目标是"尝试画出不同的曲线；体验粉笔画的乐趣"，B教师则提出了"能用不同的曲线表现各种弯弯的事物；尝试用语言描述自己画的事物"的目标。

同样是用粉笔来画曲线，但因为目标指向的差异，这两个教学活动的要求是有区别的。A教师只要求孩子们能随意地画曲线即可，目的在于让孩子们体验用粉笔画出曲线的乐趣，学习控制

自己的用笔。而B教师则要求孩子们对所画曲线有所想象,其目的在于培养幼儿对现实生活中各种事物的观察力和表达力,学习的是画物体轮廓。所以,两个活动在真正实施的过程中也会呈现出完全不同的侧重点。A教师组织的活动追求的是绘画过程中孩子们恣意酣畅的宣泄,比的是谁画得最有创意。B教师组织的活动则追求孩子们思维的联想和迁移,比的是谁想得最巧妙。

2. 注意"内化长远目标,外显现实目标"

"内化长远目标",是指在教学活动中提出对儿童综合发展的要求,比如关于情绪方面的——能快乐、精神饱满地参与活动,有满足感;关于态度方面的——能积极参与活动,专注而投入;关于社会化方面的——乐意参与活动,乐意与同伴互助合作,乐意分享,有耐心、能细心、有恒心;关于学习习惯方面的——能动手动脑、灵活思维,具有创造性……这些针对儿童长远发展的教学目标在每个活动中都会产生,是每一个教学活动都蕴含的核心价值和意义,也是教师在每个教学活动中都应该关注的。因此,教师不必把这些大而空的目标写出来,而应该把这些长远目标与当前的教学活动进行链接,找到当前的教学活动承载这些长远目标的落脚点,把大目标具体化。

案例

大班体育活动:运西瓜

活动目标

(1) 发展幼儿的自我保护能力及集体的合作精神。

(2) 培养幼儿不怕困难、坚强、勇敢、积极向上的良好品质。

上面的案例中，两条目标都是长远目标，都很宏大、空洞。孩子们到底将怎样运西瓜？两两合作、三人合作还是小组合作？活动中，孩子们会遇到怎样的困难？将学到怎样的合作方法和自我保护方法？这些要求在目标中都没有体现。如果改成如下所述，活动目标也许就会清晰许多。

活动目标

（1）能灵活地运用工具控制皮球前进，不被球或同伴绊倒。

（2）能和同伴协调动作，共同滚动皮球。

（3）坚持完成任务，乐意与同伴开展比赛，不怕输。

这三条目标非常具体地把教学活动对儿童的主要发展价值表述出来了。第一条目标清楚地表明儿童将学会用怎样的方式去"运西瓜"，这是对儿童动作发展的要求。同时指出，自我保护的方式是要看清皮球和他人的位置加以灵活躲闪。第二条目标表明在这个活动中儿童要学会的是两两合作，合作的方式是协同推进皮球向前。第三条目标则具体要求孩子们坚持完成每一次任务，即使输了比赛也不气馁。在这样的目标指引下，教师就能有针对性地去把握活动的走向，对儿童的教育也更具有针对性。

"外显现实目标"，则是指目标要突出这个活动的领域发展特点，明确该教学活动与众不同的独特发展价值。比如，在不同领域中会涉及不同感官的运用，如美术活动是有关视觉发展的，而音乐活动则更侧重听觉的发展；美术活动与手部小肌肉发展更紧密，而体育活动则更侧重大肌肉的发展；科学活动强调逻辑思维和判断能力，而社会活动更突出情感的陶冶和品德的培养。哪怕是同样的领域，不同的教学活动也可能有不同的教育侧重点，比如，语言活动可以是侧重赏析优美的语言，也可以是侧重发展推理判断能力。所以，写出每个教学活动最突出的"领域目标"，也是厘清教学目标必须做到的一点。

 **案例**

中班美术活动：画树

A 教师的活动目标是：能大胆地画出 1～2 棵自己喜欢的树；能创造性地表现树的形态和色彩。

B 教师的活动目标是：能用绘画的方式记录下自己观察到的树的形态和结构；尝试描绘树的细节特征。

从这两个教学活动的目标我们可以看出，这是分属两个不同领域的教学活动。A 教师设计的目标是针对美术活动的，因为它突出了绘画活动的创造性。B 教师设计的目标是针对科学活动的，因为它强调了对树木的观察，突出的是如实地"记录"。

3. 条理清晰地用文字表述教学目标

很多教师在表述教学目标的时候存在的最大问题是对教学目标的行为主体认识有误，其直接体现在阐述目标时主体混淆。

 **案例**

大班科学活动：运水游戏

活动目标

（1）提供多种运水的工具和材料，能运用已有的经验解决运水中遇到的问题。

（2）鼓励幼儿大胆尝试，初步掌握统计的方法。

(3) 对科学现象有兴趣，激发幼儿对水的探索欲望，促进幼儿在动手中学会动脑。

这个案例反映出的就是典型的行为主体混淆的问题。"提供多种运水的工具和材料"的主体只能是教师，"能运用已有的经验解决运水中遇到的问题"的主体则指儿童。谁会"鼓励幼儿大胆尝试"，当然是教师；谁将"初步掌握统计的方法"，是儿童。类似这样一会儿从教师的角度出发，一会儿从幼儿的角度出发来阐述教学目标，是目前教育工作者存在的一个典型问题。

当前，学前教育界通行的做法是从儿童的角度出发来表述目标，这样能让教师比较容易地掌握教学活动对儿童的促进作用，所以该活动的目标可以做如下修改：

活动目标

(1) 能运用多种工具材料运水，尝试运用已有经验解决遇到的问题。

(2) 敢于大胆实验，学习用统计的方法选出最合适的工具。

(3) 对水流动的现象产生兴趣，喜欢进行探索。

这样，统一从幼儿要达到的要求出发进行教学目标的表述，能帮助教师更容易地掌控教学活动的效果。

要想能简单方便地掌握教学目标的撰写方法，教师们可尝试按照下面的几个步骤多实践。

步骤1：确定教学目标描述的行为主体。建议把儿童作为教学目标描述的行为主体，以"（幼儿）能……"、"（儿童）应该……"等作为开头。

步骤2：选择目标指向的行为活动。建议选择恰当的动词来描述儿童表现出来的可观察、可测量的具体行为，如"唱出"、"画出"、"记住"、"辨别"、"理解"等。

步骤3：设定目标产生的行为条件。确定教学活动中影响儿童学习的因素，如"根据音乐……"、"在读懂图片的基础上……"、"在教师的提示下……"等词句。

步骤4：制定目标达成的行为标准。标出儿童在活动中所能达到的、能用来评价学习表现或结果的最低水准，如"合上3/4型音乐节拍"、"正确拆装玩具中的电池"、"知道自己的事情要自己做"等。

通过以上方式来梳理，能使教学目标极具操作性和可观察性，对教学具有很强的实践指导意义。

下面就一起来做些练习吧！

【1】请为上面列举过的案例"中班语言活动：小乌龟看爷爷"补上教学目标。

【2】请比较案例"大班音乐活动：溜溜歌"的两个教学目标的异同，说说它们之间有怎样的联系。

大班音乐活动：溜溜歌

活动目标

(1) 学习A段和C段歌曲，正确把握附点节奏和16分音值。

(2) 初步感受湖南小调民歌的特点。

活动目标

(1) 学习B段歌曲，正确把握切分节奏，并能完整演唱歌曲。

(2) 借助图谱尝试对唱和齐唱,感受不同演唱形式带来的乐趣。

(3) 能用甜美的歌声表现对秋天的赞美和丰收的喜悦。

【3】请修改下面几个案例的活动目标,并说说修改的原因。

大班音乐活动:大猫小猫

活动目标

(1) 学习用声音的强弱、动作的幅度大小来表现两段歌曲的力度差异。

(2) 借助教师琴声强弱的暗示,学习用不同的音高演唱歌曲。

(3) 鼓励幼儿大胆表达自己的意见,能在集体演唱中感到愉快。

中班早期阅读活动:小雪花

活动目标

(1) 运用自主阅读、小组阅读、讨论合作等策略,使幼儿在生生互动中解决自己在阅读中遇到的困难。

(2) 鼓励幼儿产生对阅读的兴趣。

大班数学活动:看图列算式

活动目标

(1) 会根据实物图片用三句话讲出图意。

(2) 提高幼儿的数理逻辑能力。

修炼 2

为活动提供保障的技能

当我们确定好了教学目标,心中也有了非常清晰而具体的规划后,马上就可以开展教学活动了吗?不,请等等。因为一个成功的教学活动还需要做很多具体的物质准备工作。想要"空手套白狼"是不可能的,因为6岁前儿童的认知特点是具体的、形象的,他们是在游戏以及与材料、环境的互动中学习的,教师想仅仅通过抽象的言语描述来传递给孩子一些知识是相当困难的。所以,为避免教师在开展教学活动过程中手忙脚乱,我们就一起来看看可以做哪些准备工作吧。

(一)教学场地的布置

幼儿园的教学活动是以游戏为基本方式的。所以,幼儿"上课"一定不会像中小学生那样排排坐着,一动也不动。所以,为孩子们准备一个宽松自在、方便活动的场地很重要。这个活动场地,从某种意义上说,更是一种心理场的建设,它超出了物理空间上的意义，是学习者在活动的过程中心理空间的营造，它在很大程度上影响着孩子们在学习中的行为。

 **案例**

小马跳跳跳

在一次大班体育活动的研讨中，A教师和B教师都接到了"利用绳子对幼儿进行跑跳练习"的教学比赛任务。活动开始，A教师请孩子们把布绳子塞进后裤腰做尾巴扮演小马，然后带领孩子们来到场地上，对孩子们说："小马们，跟着妈妈去树林里玩吧！"她让孩子们把场地想象成树林、山坡和小河，请孩子们一会儿跟着"妈妈"绕过树林，一会儿跟着"妈妈"跑过山坡，一会儿跟着"妈妈"跨过小河……B教师呢，则在同样的场地上摆放了几个装满水的可乐瓶，用皮筋拉出了几道线并弯弯曲曲地摆放了一些积木。她带着孩子们来到场地上，告诉孩子们："这里是一大片森林，现在请你用绳子做尾巴，想一想你是森林里哪种有尾巴的动物，想去做什么游戏？"这下孩子们可兴奋啦，他们一边把绳子塞进后腰，一边说自己是马、老虎、梅花鹿、羊等，然后把瓶子、皮筋、积木想象成树木、河流、小路，开心地跑、跳、爬……

案例中的两位教师在本次教学活动中使用了同一块场地。但是，两位教师的场地设计却不一样，由此对孩子们所产生的心理空间就更不相同。A教师在场地上没有设计任何辅助物，所以她带领的孩子是听着老师的口令开展活动的，老师说小马跳，孩子们就跳起来；老师说绕过大树，孩子们就开始转圈跑，孩子们虽然表现得很兴奋、很开心，但是他们的眼光始终不离开老师，随时准备听从老师的命令来转换动作，所以对运动方式的想象不是孩子们的，而是老师给予的，孩子们是在被动地执行老师的指令。如果他们的行为不符合老师的指令，还会被制止或提醒，所以他们只是老师手中的提线木偶。B教师呢，虽然只是简单地放置了一些随手可找到的物品，但为孩子们开展自主活动提供了依托。在这样的场地上，物理空间开放了，心理空间更开放，它告诉孩子们这里是自由自主的，他们可以根据自己扮演的动物角色进行不同方式的跳、跑、爬、绕，也可以把小道具想象成各种不同的障碍。最重要的是，老师相信他们是有能力的。

看了上面的案例，你或许明白了，活动场地的布置不仅是硬件上的保障，更是心理氛围的建立。所以，从不同类型教学活动的现实需要出发进行思考很重要，你可以从以下几个方面着手准备。

1. 根据需要，规划好交流区

通常情况下，教学活动中总是需要教师和小朋友们互动和对话的，这就需要安排适合交流的区域。而在很多的活动中，还需要让孩子们自己去完成一定的任务，那么就需要留出适合操作的区域。这两个区域应是相辅相成，互为转换的。

交流区的场地因为需要倾听和对话，所以场地的布置相对来说要有一定的私密性，那么具有包围结构的布置一般来说比较适宜。

（1）单层半包围结构的座位安排（图2.1）。这是室内集体教学活动最常用到的场地形式，适用于各种需要幼儿与教师进行大面积互动的教学活动。这个场地形式，能让所有的孩子都清楚地看到老师及黑板上的范例或教具,也能让教师环顾到每个孩子,在进行互动对话时,能保证每个孩子都有发表意见的机会。需要注意的是,教师要把控幼儿的座位与老师以及与黑板之间的距离,因为在一定的距离范围内,对话的产生是自然亲切的;而超过一定的距离,倾听的人注意力就会分散,从而影响教学活动互动的质量。所以,幼儿的座位距离教师最好不要超过3米,尤其是低龄幼儿。当然,如果师幼需要在场地中间开展活动,那么要留出较大的空间,同时教师自己的站位要注意尽量靠近幼儿,并尽量使用大幅的图片。

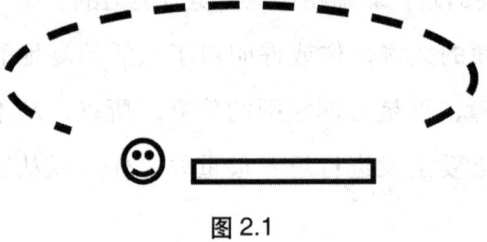

图2.1

(2) 双层半包围结构的座位安排(图2.2)。当孩子数量比较多,半包围已经坐不下时,教师可以考虑双层半包围。需要注意的是,两层之间的距离不要太近,避免孩子间互相干扰,也有利于外层的幼儿走动。里层的幼儿之间也可以留出半个座位的空隙,方便进出,同时也为外层的幼儿留出了关注教师的视线空间。

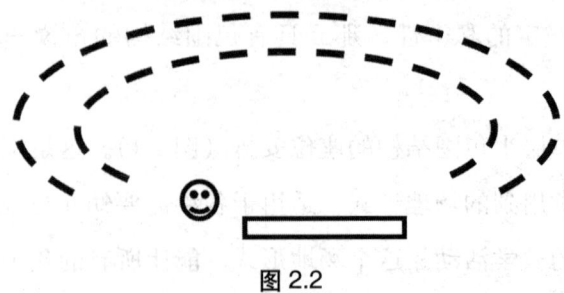

图2.2

（3）全包围结构的座位安排（图2.3）。从这个场地形式可以看出，教师已经退出主导位置变成孩子们中的一员了。所以这种场地形式非常适合需要孩子们开展大面积同伴互动的教学活动，很多游戏以及观察动植物的活动都可以利用。需要注意的是，幼儿座位之间要留有空隙，方便幼儿进出。同时，教师也要随时在圈内外走动，以便照顾到所有的孩子。

图2.3

（4）田字式座位结构的安排（图2.4）。当某些活动需要孩子拥有独立的空间开展活动时，教师可以考虑这种场地形式，尤其是在孩子们进行一些舞蹈、动作学习的时候。当孩子们手脚舞动容易击打到旁边的幼儿时，利用座位的合理设计可以帮助孩子们划定一个相对合理的空间，同时这种形式也有利于让孩子们独立思考避免相互干扰，方便孩子们在活动过程中轮流坐下休息。在利用这样的场地时，教师不能固定坐在或站在某个点上，必须穿插到孩子们的中间。教师进行动作示范的时候，也最好在前后左右四个方向进行。

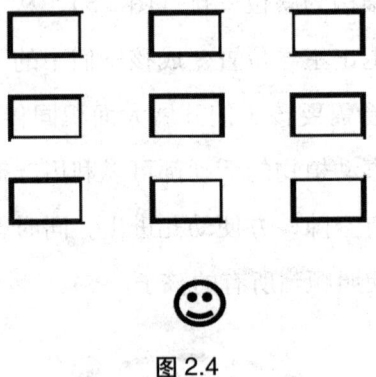

图 2.4

（5）马蹄式座位结构的安排（图 2.5）。这也是一种半包围的座位结构，但三面的座位各呈直线。这样的场地形式常常被运用于教学过程中需要幼儿自己活动形成游戏空间的时候。因为是直线安排，所以孩子们可以自己搬动小椅子选择一面坐下来，又快又机动自由。

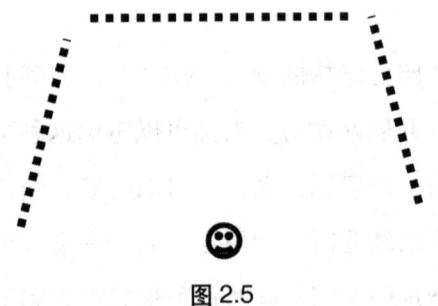

图 2.5

2. 根据材料的提供，设计好操作区

幼儿是在和材料的互动中感知发现的，所以很多教学活动需要孩子们去动手操作、实验探索。所以，教师在规划活动场地的时候，千万不能忽视操作区域的规划。这个场地的安排，和你所要让孩子们去操作的材料、伙伴间的合作程度有关。如

果操作活动是孩子们人手一份材料，那么必须保证每个孩子都有充裕的平面空间。比如在让孩子们一起作画时，如果大家的画纸相互挤压着，作画的工具无处安放或经常掉到地上，那么说明人均作画平面空间不充足，需要增加桌子。如果你提供的材料独立性不太强，你希望孩子们能在相互的观察交流中去操作，那么你应该有意识地把材料相对集中，让孩子们能自然地簇拥在一起形成学习小组。

（1）独立操作区的安排。如果孩子们不是作画而是短时间摆弄小的操作材料，你可以尝试让他们在自己的座位上进行，把椅面当成桌面。这种安排的好处是既节约了教学活动的时间，也充分利用了设施；不足是孩子们往往容易坐在地上，所以要保证室内地面足够清洁。有条件的话，你可以为每个孩子准备一块小地毯或地垫，让孩子们分散在活动室四周坐在上面独立操作。这样能让孩子不受他人干扰，专心于自己的操作。当然，最常规的做法还是利用原有的大桌子，让孩子们在桌边各占一角，因为材料是人手一份的，所以也算是独立操作。只是这个过程容易被他人干扰，孩子不容易独立思考。

（2）小组操作区的安排。目前，幼儿园班级桌椅常规型号是六人桌，那么你可以利用桌子来形成操作小组，这样围在同一张桌边的幼儿就自然形成小组。你也可以借助教室周边的一些区域或者角落的隔断分散各组，让每一组都有一个相对宽敞的空间。你还可以利用装材料的容器来引导幼儿形成小组。比如在孩子操作沙、水、石子等材料时，在教室周围摆放几个盆来装材料，事实上就是在让孩子们形成几个小组。

3. 根据活动需要，灵活调整场地

很多时候，教学活动会涉及孩子们在听听讲讲环节与动手操作环节的相互转换，这就需要教师考虑好如何安排场地才更有利于环节的转换，更能让孩子们行动方便、有序。

案例1

在语言活动"三只蝴蝶"的最后环节，王老师请孩子们分组商议、合作表演故事。近35名孩子分成6组，在教室里各自寻找角落开始练习。因为教室空间不大，原有的半圆形座位又占据了很大的一块场地，所以孩子们挤挤挨挨，声音此起彼伏互相干扰，还一会儿碰歪玩具架，一会儿挤倒小椅子……

因为有了上一次教学活动的经验，王老师在又一次需要孩子分组活动的教学中注意了场地的合理安排。她首先利用了午睡室中间的空场地，在集中讲述、讲解等环节时让孩子们紧凑地围在教师和黑板前面；其次合理规划了孩子们需要分组的各个场地，利用椅子、桌子、柜子等简单分隔，让每个小组都有一块属于自己的小天地，能专心安静地进行小组的讨论或操作，整个班级活动显得井井有条，孩子们对活动也特别投入。

案例2

某幼儿园班级的场地也不宽敞，但是大班的张老师非常有办法。她准备了一段音乐，当她弹奏这个音乐时就表示要调整活动场地了。孩子们听到音乐时就知道要么是把桌椅搬到走廊里，让教室的空间变大；要么是把桌椅搬回教室，大家分组围坐。有了这个班级常规，孩子们学习的空间就能顺利调整，满足不同学习

需要了。

根据教学的需要合理地变换空间是教师实施教学活动采取的重要措施之一。不过，这可不是单靠教师就能完成的，它还需要孩子们的配合。所以，教师在变换场地时要注意以下几点：

- 提醒孩子们轻轻走动，并学会选择靠近自己身边的通道走动，尤其是两端的孩子要从两侧走动，不要挤到中间的通道上去。
- 如果需要搬动椅子，要提醒孩子们不要把椅子拖在地上走，而是要转身面向椅子正面，抓住椅子座位两侧，把椅子抱在胸前，以免碰撞到他人。
- 可以让孩子们参与到场地的调整中来，鼓励孩子们相互合作抬桌子，不要在地上拖着桌子走。

4. 根据孩子们的特点，合理安排座位

上面所述的各种场地和座位的安排，还需要根据孩子们的特点灵活应用，因此教师应注意以下几点：

- 集体围坐时，尽量让男孩和女孩间隔着坐。
- 分组活动时，尽量让每个小组中男孩和女孩混合搭配。
- 在小组活动时，充分考虑同质分组法和异质分组法的交叉运用。也就是说，在竞赛性强的活动中要让每个小组中的成员强弱搭配；而一些竞赛性不强的活动则可以让能力强和能力弱的孩子分开自成小组，这样有助于他们在自身能力水平的基础上获得更好的发展，也有助于教师根据孩子的不同特点分别指导。

● 对于小年龄的孩子，建议教师在较长一段时间内保持某种座位模式，以便于孩子们尽快认识和熟悉身边的同伴，提高集体生活的适应性，建立稳定的心理情绪。而对于大年龄的孩子，教师则可根据主题活动的进程或教学活动的类型，经常变换教学场地布置和座位安排方式，以利于孩子们更多地接触不同个性、不同能力的伙伴，提高社会交往能力。

上面介绍了很多关于教学场地安排的基本原则和方法，但更重要的是教师必须根据自己教学所处的空间条件进行合理调配。教师可以在准备好的场地中蹲下来，用孩子们的眼光去看一看，并在场地中走一走，查看座位的距离是否合适、走动的路线是否合理、材料筐的摆放是否方便等。如果场地中有电化器材，教师还要看其电线的走向是否安全，会不会绊倒孩子等。只有细心地做好这一切准备工作，才能为教学活动的顺利开展奠定一个良好的基础。现在，请联系实际做以下的训练：

【1】如果你需要为孩子们讲一个故事，你觉得运用上面哪种场地模式比较合适，请说出理由。

【2】如果你需要开展一个关于小青蛙的歌唱教学活动，并在活动最后环节让孩子们模仿小青蛙跳进池塘学游泳，你觉得场地应该如何设计？你认为怎样做才能满足歌唱和游戏活动的场地需要？

【3】如果你要开展一个"发现磁铁秘密"的科学探究活动，旨在让孩子们通过操作来感知磁铁的特性，你想怎样设计教学活动场地？请在纸上仔细地描画出教学场地的整体布置，并用细线

条表现教师的站位及走动线路。然后，和有经验的教师讨论设计图实施的可行性。

【4】请为小班体育活动"蚂蚁搬豆"设计一个运动场地。请你在纸上画出基本的构思，用文字标注各种材料，用线条表示幼儿活动的线路。想一想，怎样能提升幼儿爬和搬的兴趣？请根据你的设计实际布置一下场地，并请孩子们来玩一玩。看看各种走动、爬行的距离是否都合适？孩子们的运动量如何？孩子们能既自由又有序地开展活动吗？

【5】请为中班的亲子游戏活动设计一个教学场地。在该活动中，教师需要介绍游戏方法和规则，然后请幼儿一家三口开展游戏。请注意思考怎样兼顾活动场地中的孩子和家长，怎样解决人多需要轮流活动的难点。

【6】观察教学活动中孩子们的活动表现及与同伴互动的情况，看看有特别的孩子需要照顾吗？需要调整座位来进一步促进孩子们的发展吗？

（二）教学工具的准备

教具，是承载教学信息、帮助达成教学目标的各种物品和材料的总称，如语言活动中使用的图书和图片；数学活动中供孩子操作的花片和数字卡片等。一般来说，教师常常专注于教具的设计和准备，而忽视了教学活动中另一类材料——工具的准备。工具，并不直接对教学内容产生意义，但它们能保障教学活动顺利进行。不信？你是否常常见到这样的情形呢：故事讲到最精彩的时候，图片突然掉落下来，于是孩子们争先恐后地跑上来捡；活动进行到一半，孩子们出现不同的意见，需要你增添或者调整一些小教具，你却因为缺少合适的纸和笔而束手无策。这就是教学工具的价值。

 案例

娃娃的眼睛不见了

一天，W教师正在给孩子们边展示图片边讲述故事。突然，阳阳大叫起来："那个巫婆把娃娃的眼睛弄瞎了！"W老师感到很奇怪，故事里并没有出现瞎眼娃娃啊？她顺着阳阳的手指一看，原来是自己在张贴图片的时候用了圆形的黑磁铁，正巧压在了故事中小姑娘的眼睛上，使本来美丽可爱的小姑娘一下子变得狰狞起来。W老师尴尬地向孩子们解释道："哦，是老师不小心把磁铁放错位置了。"

类似的案例在教师的教学活动中屡见不鲜。比如，有时候为了贴住图片，教师会随手拿起一大块磁铁压在图片上面。结果，就会出现一只没头的乌龟、一只缺了腿的小马、一只断了翅膀的小鸟，进而影响了活动的视觉效果。所以，充分准备好教学辅助工具，并精心、合理地使用，是对儿童纯真天性的尊重。同时，教师也应该意识到，教学工具除了实用以外，还要给幼儿美的熏陶。因为美育不是在美术课上才发生的，而是渗透在一日活动中的。其中，整洁、有序、规范就是一种美。教学活动作为一个现实的场景，应随时为孩子们提供整齐、有序、优雅地学习和生活的示范，让他们的眼睛看到美好的东西，而不是凌乱、随意和无序。

为了让教学活动开展得更从容、更顺利，你应该在你的教室

中准备好以下物品。

1. 黑板

幼儿园的黑板和中小学使用的黑板很不一样,它应该是低矮、小巧的,能实现多种功能。首先,它的高度最好不要超过 1.5 米,这样能让孩子们的脖子和脊椎保持良好的姿势。其次,它应该是两面的,一面为硬质地的材料(通常具有磁性),另一面是软质地的材料。图 2.6 和图 2.7 中的黑板是我国很多幼儿园都在使用的黑板,其妙处在于它们带上了工具箱,能让你把所有要用到的东西都归放整齐。图 2.8 是国外幼儿园使用的"黑板",这块书写板已经完全突破了传统意义上的黑板,它由软木、黑板、纸面三种材料构成,满足了教师用彩色粉笔画画和书写、用各种水笔和水彩涂色和书写以及粘贴各种小教具等多种需要。

图 2.6

图 2.7

图 2.8

2. 磁铁

在教学活动中教师经常需要悬挂教具，所以磁铁必不可少。选择的磁铁最好是外形小、磁力强的（图2.9、图2.10），且配置量起码在20颗以上。也有教师选用图2.11中细长的磁铁，用于沿边固定大图。在使用磁铁的过程中，教师尽量不要让磁铁遮挡住主画面，尤其不要压在人物角色的头上，否则会极度破坏画面的美感。使用完毕，要将磁铁收进盒子中保管，或有序地排列在黑板的最顶端，既美观又能防止丢失。如果你班级中的孩子经常玩弄黑板上的磁铁，说明他们对磁铁有研究的兴趣，那么请另外准备一些磁铁给他们玩，要让他们学会区分游戏材料和工具。

图2.9

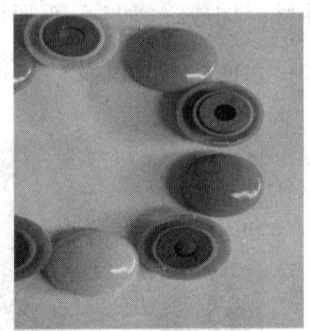

图2.10

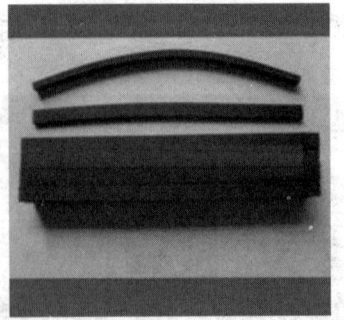

图2.11

3. 安全钉

安全钉（图2.12）可以帮助教师在黑板的软质面上张贴物品。但是教师要注意保管好钉子，防止钉子散落，并教会孩子们正确使用钉子，避免受到伤害。

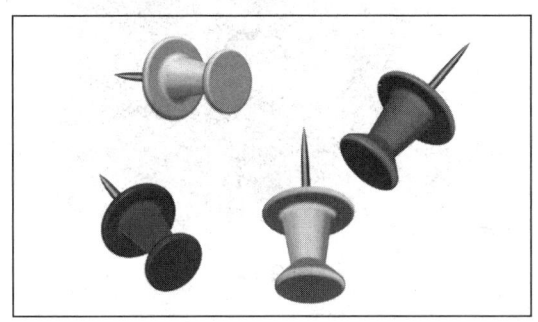

图2.12

4. 夹子

很多教师不习惯使用夹子，事实上，利用大小不同的夹子可以帮助你张贴各种大小的图片，尤其是大铁夹，可以帮助你固定覆盖整块黑板的大纸，非常方便。只是有时候需要你动脑筋把一些小夹子固定在黑板上（图2.13）。

图2.13

5. 透明胶带

不同尺寸的透明胶带（图2.14）可以有多种用途：细胶带可

以随时帮助你把教学材料固定在黑板上，宽胶带还能用于纸质教具的贴膜，防止教具破损。

图 2.14

6. 双面胶带

双面胶带（图 2.15）可以帮助你非常方便地将小教具固定到背景图上去，只要在背景图上覆盖一层透明宽胶带防止粘连破损，就可以实现小教具的灵活移动。

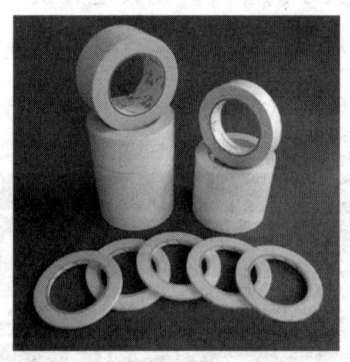

图 2.15

7. 纸张

时刻准备一些白纸和彩纸，用于制作一些小教具辅助教学或提供给幼儿操作，便于教师在教学活动中灵活地支持孩子的学习。

8. 笔

不同颜色和不同粗细的笔可以帮助教师在教学活动中随手添画或记录儿童的意见。通常情况下，一支两端笔头粗细不同的黑色马克笔（图 2.16）、一套彩色水笔或油画棒（图 2.17）和一盒彩色粉笔是必备的（图 2.18）。

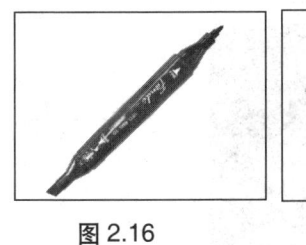
图 2.16

图 2.17

图 2.18

9. 箩筐

要多准备一些箩筐，包括教师用的和孩子用的两大类（图 2.19、图 2.20）。教师用的箩筐能帮助分类收纳各种教学用具，同时也向幼儿做出了物品都要收拾得整洁有序的示范；给孩子们用的小筐供每个孩子或每个小组分装材料时使用。

图 2.19

图 2.20

10. 材料袋

很多时候，教师需要为孩子们预先准备一些材料在某些环节使用。建议教师在孩子的椅背上准备一个材料袋（图 2.21），既方便孩子们取放材料，也可以节省桌面的空间。这种袋子可以用环保袋、塑料袋代替，也可以专门定制。

图 2.21

11. 刀笔架

此类工具（图 2.22）也是专门为孩子们准备的，可以让孩子们方便、安全地使用小刀和各种尖锐的笔。

图 2.22

12. **其他常用工具**

除上述工具外，教师还应该准备剪刀、订书机、裁纸刀、曲别针、铅丝、绳子、旧报纸、橡皮筋、打孔机、胶水等常用的工具，以方便教学活动的实施，其功能在这里不一一赘述。需要再一次提醒教师的是，为了方便使用，要用一些适合的盒子或筐子合理地收集这些常用工具，这点很重要。

现在我们发现，要想方便地设计、制作、展示和使用一些教具，常用的辅助工具必不可少。现在请做以下练习，看看你对此有何收获。

【1】请整理你目前所有的工具，记录并列出清单，与上面所介绍的工具对比，看看哪些是你已经有的，哪些是你没有的，哪些是你觉得虽然有但不充足的。同时思考，这些工具还有哪些用途。

【2】记录你经常使用的工具，选出5个你认为最不可少的工具，并从中找出上面没有讲到的但你经常使用的重要工具，说说原因和理由。

【3】找出你认为重要的但是目前自己没有配置的工具，向园长申请配置。

【4】你是如何收纳这些工具的？有什么窍门能让你得心应手地找到并使用它们？

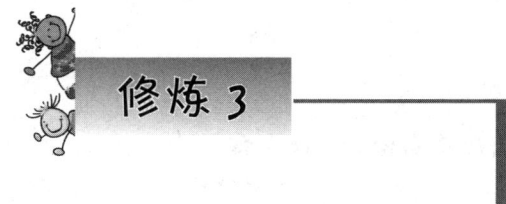

修炼 3

促进儿童多元发展的技能

现在大多数教师都强调要让孩子多元发展,可是怎样才能让孩子在单一的教学活动中获得多元发展呢?很多教师对此十分困惑。首先,是因为大多数教师在实施教学活动的时候还是不自觉地被分科教学的思路所束缚,认为语言教学活动就是培养幼儿的语言表达能力,社会教学活动就是培养幼儿的社会交往能力,音乐教学活动就是培养幼儿的音准、乐感……没有意识到每一类教学活动都同时渗透着多方面的教育元素,这样导致一节教学活动的实施过程目标指向比较单一。其次,是因为教师对儿童多元发展的具体表现认识不清,所以在教学活动实施过程中明明已经涉及了儿童多方面的发展,但是无法及时正确地把握,白白让最佳的教育时机溜走。最后,则是因为教师对个别化教育和因材施教的理解不够深刻,在教学活动中对儿童的要求及评价比较单一,没有关注到每个孩子在不同方面的独特能力,结果导致教学过程僵化、儿童的发展受挫。下面我们就通过一个案例来看看儿童在一个教学活动中都将得到哪些方面的发展。

案例

大班音乐活动：映山红

活动目标

（1）感受歌曲的小调风格和民族韵味，了解歌曲中象声词的演唱特点。

（2）体验歌曲所表达的期盼的心情。

活动准备

电影《闪闪的红星》视频，绸带若干，图片一张（满山遍野的映山红），音乐磁带。

活动过程

1. 认识美丽的映山红

（1）说说映山红。

师："你知道映山红吗？你看见过漫山遍野的映山红吗？"

（2）看看映山红。

教师展示映山红的图片，问："看到漫山遍野的映山红，你有怎样的感觉？"

2. 欣赏歌曲《映山红》

（1）请幼儿完整欣赏歌曲，初步感受歌曲蕴含的民族韵味。

师："今天我们要来欣赏一首歌曲叫《映山红》，请听听这首歌和我们以前听到的歌有什么不一样。"

（2）幼儿欣赏第二遍，找找每句尾部的"呦"。

师："你听出来歌里唱得最多的、最有味道的一个字是什么吗？我们来找一找，在心里数一数。"

(3) 完整欣赏第三遍，了解歌词。

师："你听清楚歌曲里唱了什么吗？你最喜欢哪一句？"

3. 欣赏电影片段，理解歌曲

(1) 回忆电影内容，说说歌曲的意义。

师："我们看过了电影《闪闪的红星》，还记得这首《映山红》是谁唱的吗？她为什么要唱这首歌？"

(2) 完整欣赏电影片段，感受歌曲内涵。

师："这首歌表达了穷苦大众盼望红军回到自己家乡的一种心情，比喻总有一天生活会像满山的映山红一样红红火火！"

4. 演演《映山红》

请幼儿每人拿一根绸带，跟着音乐挥舞，进一步感受歌曲的韵味。

这是教师在孩子们观看了电影《闪闪的红星》后设计的一个欣赏电影插曲的音乐教学活动，从中我们可以看出儿童的多种智能在音乐活动中的表现。

- 活动开始部分对映山红的观察帮助幼儿加深了对映山红这一植物的认识。
- 在寻找一共有几个尾音"呦"的过程中让幼儿练习了内心默数的方法，巩固了幼儿的数概念。
- 在对音乐内容和韵味进行赏析的过程中提升了幼儿比较和辨析的思维能力。
- 在谈论歌词内容及讲述自己对歌曲的理解中加强了幼儿的语言表达能力。
- 在反复倾听乐曲的过程中促进了幼儿安静倾听习惯的养成。

● 对歌曲内涵和意义的分析讨论提升了幼儿对他人情感的理解。

这些只是从这一个相对简单的音乐欣赏活动中我们能找到的儿童发展点，而更多形式的音乐活动还能提供儿童更多元的发展。比如通过律动、舞蹈能发展幼儿的大肌肉动作；通过小型打击乐器活动和制作道具、乐器等活动能提高幼儿小肌肉动作的灵活性；通过律动、歌唱等活动能帮助幼儿获得对称、规律、次序等的认识，强化他们对某些数学概念的理解；在对歌曲的理解、舞蹈的学习中能培养幼儿的记忆力、联想能力和创造性思维；在音乐游戏、戏剧表演等集体活动中还能培养幼儿的合作精神。同时，在整个音乐的创造性活动过程中儿童开始了解自己，并尝试表现自我，从而加强对自我的认知。

同理，体育活动也包含了儿童多元的发展。比如理解体育游戏的内容和玩法，分清上下、左右、高低、远近、快慢等概念，能促进幼儿认知能力的发展；在游戏的情境中开展体育活动，能促进幼儿想象力的发展；在活动中敢于挑战、勤学苦练、动脑筋完成任务等，能塑造幼儿良好的意志品格等。

从上面的分析中可以看出，一个音乐或体育活动不仅能促进幼儿音乐能力或动作能力的提高，还能促进幼儿的认知、情感、个性、品质等多方面的发展。所以，教师应该清楚地认识到，教学活动是儿童全面发展的载体，其本质是尽可能促进儿童获得多方面的有效发展。要想做到这一点，教师不妨做以下训练：

（一）提升对儿童"发展"特征的认识

"儿童期是个体身心整体、连续、迅速变化、成长的时期，发展具有发育、成长、分化、成熟、改变、长大、转变等多重意义。"*相信大家对这个论述都耳熟能详。然而在实际教学活动过程中，教师最容易出现的问题是对上述概念的僵化理解，即把儿童的发展定位于同一的、同步的、同质的。也就是说在一个教学活动中，教师会针对某个方面制定单一的教学要求，并要求所有的孩子都达到统一的标准，导致在教学活动中出现机械训练和知识灌输。

案 例

跳 罐 子

这天，Y老师为小班的孩子们准备了一个关于"跳过一定高度"的体育活动。她巧妙地利用分别扎成一排的牛奶罐（高10厘米左右）、奶粉罐（高15厘米左右）、薯片罐（高20厘米左右）作为运动器材，帮助幼儿尝试跳过这些高度。

当Y老师出示牛奶罐的时候，孩子们兴致盎然，所有的孩子们都跳了过去。其中，有几个个子高的孩子轻松地跳过去了，而像乐乐、菲菲这样个子小的孩子，要稍微用点力才能跳过去。

当Y老师出示奶粉罐的时候，大部分孩子一跃而过，而菲菲和乐乐则在罐子面前停顿下来。Y老师及时过去向他们讲解、示范动作要领，最后乐乐勉强跳过了，而菲菲却一脚踩到了罐子。

当Y老师出示薯片罐的时候，乐乐和菲菲见状露出一脸沮丧

---

* 姜勇，等．儿童发展指导[M]．北京：北京师范大学出版社，2004．

的表情。当同伴们一个个轻松地跳过去后,轮到乐乐和菲菲时,他们又一次尴尬地停顿在罐子前面。这次,无论大家怎么鼓励,他们也不肯跳了。Y老师走过去亲切地鼓励他们,并拉着他们的手一起向上用力,哈,跳过了!不过,乐乐和菲菲并没有表现出成功的喜悦,反而在同伴的掌声中难堪地红了脸。

三排罐子形成三道障碍,孩子们往返地练习着。乐乐和菲菲呢,每次到了最后一道障碍前都会停顿不前。他们悄悄地观察老师,发现老师并没有注意到他们,便飞快地绕过障碍跑回去了。

在这个活动中,教师为孩子们制定了统一的发展目标——"跳过20厘米的高度",以为让孩子们练习跳过这个高度就是在促进他们发展,而没有认识到"发展"的意思其实是促进幼儿在原有的水平上不断成熟。能跳过20厘米高度的孩子是因为在更低水平上的发展已经成熟,而乐乐和菲菲还远远没达到这个程度。所以,20厘米高度的目标并不代表乐乐和菲菲目前能够达到的发展水平,让他们在10厘米高度反复练习才是在真正促进他们的发展。

所以,教师在理解儿童"发展"的本质时,要重点关注以下两点:

1.儿童的发展有普遍性,更具有个别性

儿童的发展是向着稳定的方向前进的,每个阶段都意味着不同的发展水平。而且这个发展水平在某个年龄阶段在群体儿童中也呈现出特定的普遍特征,如老话说的"七坐八爬",就是说七个月的婴儿基本开始会坐起来了,八个月的婴儿开始会爬行了。而皮亚杰的关于儿童发展的阶段理论("感知运动阶段—前运算

阶段—具体运算阶段—形式运算阶段"），就是对儿童不同阶段群体发展共同特征的划分。知道这些特征，能让我们在教学活动中更容易把握儿童发展的普遍规律。

然而，对于教师来说，除了了解儿童发展的普遍规律，更重要的是理解儿童的个别发展特点。因为在同样的发展阶段，幼儿个体在发展的速度和质量上存在着显著的差异，因此教师不能将儿童仅仅看成普遍性的教学对象，而忽略其个体的特殊性，否则就不能让每个孩子在自身的基础上有所发展。正如上面的案例中所显示的那样，在同年龄的孩子中，虽然大多数能跳过20厘米的高度，但总会有一些个子矮小或下肢力量弱的孩子只能跳10厘米的高度，也一定会有个别身体强壮或弹跳力好的孩子能跳过25厘米乃至更高的高度。所以，怎样促进儿童"发展"、怎样让不同能力的孩子在教学活动中都有自我发展的机会，是教师在教学活动中首先要思考的，这也是教学活动设计的重点。

2. 儿童的发展是整体的，而非孤立的

发展是向成熟迈进的过程，这个过程包含身体动作、认知、情感、社会性等各个方面。教师要认识到，这些方面在发展中是整体的、具有内在联系的，是互相促进的，而不是孤立的、单独的、割裂的。比如上面的案例，虽然是体育活动，强调的是儿童身体动作机能的发展，但在这个过程中我们不能无视菲菲和乐乐的情绪情感体验，不能由此伤害到他们的自尊心和自信心。下面是一个大班的语言教学活动片段，相信能够帮助你更好地理解发展的整体性特点。

 **案例**

大班语言活动：老奶奶和小蛇

活动过程

1. 出示图书封面

师："今天老师带来一本好看的书，看看这本书的名字叫什么？"幼儿开始辨认封面上的文字，之后教师带领孩子们一起念出书名《克里克塔》。

师："你知道'克里克塔'是什么意思吗？"幼儿兴致盎然地开始猜测。

小结："（并不解释真正的意思）这是一本有着有趣名字的书。"

2. 出示图1，介绍主人公露易丝奶奶

师："（指着图片中的人物）这是露易丝奶奶，她有个儿子在遥远的巴西研究爬行动物。你们知道什么是爬行动物吗？"幼儿七嘴八舌地开始报数自己知道的爬行动物的名称，讨论哪些是爬行动物。

师："老奶奶的儿子会研究哪种爬行动物呢？"

3. 出示图2，介绍老奶奶的儿子和爬行动物

师："（请幼儿观察图片辨认）现在你知道老奶奶的儿子研究的是哪种爬行动物了吧。原来是蛇，蛇是爬行动物。"

4. 出示图3，讨论老奶奶是怎样得到蛇的

师："（指着图片）你看到了什么？（"老奶奶面前有一条蛇"）蛇是哪里来的呢？"鼓励幼儿充分发挥自己的想象进行大胆的假设。

师："（引导幼儿观察、讨论画面中的盒子）原来蛇是儿子寄

给老奶奶的生日礼物。"

师:"老奶奶会怎么对待这条蛇呢?"很多孩子异口同声地说:"打死它!"

师:"那么善良的老奶奶会做这样残忍的事情吗?请看看老奶奶是怎么做的。"

5. 逐幅出示图4、图5、图6、图7、图8

师:"老奶奶做了什么?"引导幼儿观察老奶奶喂蛇、为蛇织毛衣、做床、带蛇上街买东西等。

6. 请幼儿猜测故事名字

师:"请猜猜老奶奶给蛇取了一个什么名字?"引导幼儿回忆故事的题目,集体回看封面,重新念出书名《克里克塔》。

作为语言教学活动,这次活动的重点是发展幼儿的语言表达能力和阅读能力。但是这两个能力并不是单独发展的,而是和幼儿其他方面的发展交织在一起的。比如幼儿对爬行动物的描述是和他们以前积累的认知经验相结合的,他们只有建立起"动物"、"爬行动物"的知识概念才有可能用语言来描述;猜测"克里克塔"的意思、推测老奶奶对待小蛇的态度则和幼儿的推理、判断能力有关,也和幼儿逻辑思维能力的发展分不开;对画面中老奶奶喂养小蛇的观察理解,让幼儿感受了人与动物和谐相处的情感,体现了阅读过程和对儿童社会性的培养是同步的。由此我们可以认识到,在教学活动中,儿童某方面的发展会受到其他方面发展的影响,教学活动必须促进儿童全面协调共同发展,而不能顾此失彼。

（二）深化理解儿童的"多元"发展

上面我们讨论了要关注儿童多元发展的必要性，但这只是起点，教师们更需要知道的是儿童到底有哪些"多元"的发展。不同的学者、专家及不同的研究理论从不同的方面来划分儿童的发展维度，比如我国《幼儿园教育指导纲要（试行）》从五大领域来划分儿童的发展，很多西方学者则习惯从身体动作、认知、情感、社会性等几个方面来划分儿童的发展。为了更好地体现教学的实践性和操作性，本书将着重从身体动作、认知、情感社会性三个方面展开。

1. 身体动作发展

教师在日常教学活动中往往围绕走、跑、跳、钻爬、平衡、攀登等动作技能来训练孩子。不错，这些不同的动作技能确实是儿童身体动作发展中的多元表现。但是，仅仅注意到这些还不够，我们还要深入思考，在同样的动作中，儿童还有着更多的发展可能。

 案例

男孩和女孩

××幼儿园张老师今年带的是大班。近来，他在班里开展了一系列关于跳的活动。不过他注意到，男孩和女孩喜欢玩的游戏很不一样。女孩子们对跳房子产生了浓厚的兴趣，她们在地上画了各种各样的图案，然后编成顺序前后左右跳，要求不能跳错格子及不能踩线。然而男孩子对此很不以为然，他们开展的是一项竞赛活动，比的是谁跳得远。男孩子们把活动区里的纸绳子拿来

摆成"小沟"，看谁能跨过最宽的那条。

张老师忽然意识到，即使同是"跳"的动作，孩子们也有着不一样的发展可能。

是的，张老师的发现是正确的。男孩和女孩在跳的过程中所关注的重点是不同的，女孩重视的是下肢动作的协调性和灵巧性，而男孩们比的是所跳距离的远近。由此可见，走、跑、跳、爬等只是基本的动作，我们要做的是促进儿童在这些动作中的"发展"，而这个发展可以是跳得灵巧，也可以是跳得高或跳得远。比如跳高运动员、跳远运动员和体操运动员都要用到跳，但其跳的特点和要求是有差异的——一个要求"高"，一个要求"远"，一个要求"稳"——这就是"多元"发展。这种多元发展，代表了动作发展的协调性、灵活性、柔韧度、力量、速度，这些才是我们在教学中应该促进幼儿获得的。所以在教学中，我们要关注的不是幼儿学会某个动作，而是围绕这个动作技能带来的身体各方面的发展水平，并创设更多的机会让儿童根据自身的特点去向更高的水平发展。

同理，舞蹈演员、运动员、工匠等都有着动作技能发展的需要。不过，舞蹈演员追求的是动作的协调和美感，运动员追求的是动作的力量和速度，工匠则追求动作的灵巧和熟练。这样，我们就可以从更高的层面来理解"多元"了——我们要培养的不是一种而是各种人才，而各种人才对动作技能的要求是不同的，所以我们要突出儿童创造性运动的能力，也就是让儿童用自己的方式去活动、去发展自己。在这个过程中，"如何发展"是儿童自己去尝试和体验的，就像在投掷活动中，有的儿童会发现身体的转动有助于手臂力量的提高；有的儿童会发现挥动的力量决定着投掷的远近；也有的儿童会发现，离得越近就越容易投准。这也是一种多元的发展，能让儿童用多种方式去发现自己的能力，寻求不同的发展道路。

2. 认知发展

认知发展是儿童发展中最复杂的一个方面。不同的心理学家曾做了多种理论性的研究，而且随着时代的进步，认知理论也不断迎来新的发展。在此，我们选择有关多元智能理论中最关键的几个方面来讨论。

（1）重视儿童普通智力的发展。这里所说的普通智力是指传统意义上的智力，是人们认识、理解客观事物并运用知识、经验等解决问题的通识能力，包括记忆、观察、想象、思考、判断等方面。《幼儿园教育指导纲要（试行）》中没有明确提及对这类智力的观察，但这类智力又是贯穿在所有的领域发展中的，也是个体发展的基本方面，因此，教师需要重温书本上的理论知识，并联系实践深入地体会，才能在教学活动中灵活地捕捉儿童普通智力的发展。

①观察力，是指大脑对事物的觉察能力，是个体的感觉器官对事物各种信息的集中收集，从而产生对事物本质的认识。比如在语言教学活动中，我们让孩子通过看图片来理解故事的内容，其发展的基础就是观察，通过观察来识别人物表情、时间地点的变化、事件的发展过程，从而串联起故事的情节。又如在科学活动中我们让孩子欣赏收集来的树叶，也是在有效地促进孩子观察能力的发展，他们通过看树叶的形状和颜色、摸树叶的表皮、闻树叶的香味等，有效收集了树叶的各种信息，从而得到对树叶的

完整印象。

②注意力，是指人的心理活动指向和集中于某种事物的能力。对个体来说，注意力是智力发展的基础，是最重要的智力品质。而对幼儿来说，他们正处于无意注意为主导、有意注意开始发展的阶段，这就特别需要教师在教学活动中充分关注和培养。很多教师在教学活动中无法吸引幼儿的注意力，导致活动过程中幼儿闹哄哄、思维涣散；或者在幼儿专心做某事时，经常运用不恰当的指导干扰或打断幼儿的注意力，这些都有损幼儿注意力的发展。

③记忆力，是指个体识记、保持、再认识和重现客观事物的能力，也是发展的基础智力。幼儿期以无意记忆为主，记忆的时间短，也缺少记忆的策略，所以需要教师在教学活动中随时关注。很多教师在讲述完故事或朗诵完儿歌后都会习惯性地问幼儿："故事（儿歌）的题目是什么？故事里有谁？"他们没有意识到，这就是在培养幼儿的记忆能力，是在促进他们从无意记忆向有意记忆转化。

④思维力，是指人脑对客观事物间接的、概括的反映能力，是个体在观察事物之后，通过把各种物品、事件、经验分类归纳，从而产生概念、判断、推理等思维过程的能力。思维能力是一种较为高级的智力类型，是在幼儿期萌发的，因此需要教师巧妙地引导。比如教师在教学过程中故意示误，或者先呈现结果然后让儿童猜测原因等都是在促进儿童思维能力的发展。

⑤想象力，是指人在已有形象（表象）的基础上，在头脑中创造出新形象的能力。它是创造的源泉，是人最宝贵的智力。幼儿期是人类想象力最丰富的时期，因此需要教师精心呵护和鼓励。比如在美术活动中，有的孩子虽然画得一团糟，但是他能头头是

道地说出画中隐含的一大通故事来，这就是想象力。在这种状况下，教师尤其应该保护孩子的想象力。

(2) 关注儿童特殊智能的发展。加德纳的"多元智能"理论是近年来最具影响力的认知心理学成果。这种理论认为人们除了具有上面所说的那些普通意义上的智力以外，还具有至少七种独立的特殊智能，即身体运动智能、语言言语智能、数学逻辑智能、空间视觉智能、音乐旋律智能、人际智能、内省智能。可以看出，这个智力分类很接近《幼儿园教育指导纲要（试行）》中关于儿童发展领域的划分，或许我们可以把它们看成儿童不同领域中独特的智力发展。

①身体运动智能。身体动作是人类生存、生活的基础。目前在教学中教师对此项智能的理解比较单一，总是认为要"教"会孩子某项运动技能。其实，运动是人们用肢体语言表达情感和想法、提高动作技能、挑战能力极限的过程。跳远、跳高、走平衡线、跨栏、钻、爬等体育活动其实只是一种载体，目的是对儿童运动技能（力量、敏捷、速度、平衡）和创造性运动能力（动作的想象、丰富的肢体创意和表现、动作质量、动作的控制和节奏等）的培养。同时，这类智能还包含运用双手灵巧地生产或改造事物的能力，所以身体运动智能的发展不仅存在于体育活动中，还和音乐活动、表演游戏、模仿游戏、手工制作等高度相关。所以，教师在进行此类活动时应该关注的不是幼儿是否学会了动作，而是这个动作的能力发展到什么程度，并选取相关活动让幼儿有目的地去发现和提升自己的身体运动智能水平。

②语言言语智能。语言是一种特殊的能力，它不仅是交流的工具，帮助个体面向他人、走向社会，更是思维的载体，因为语

言的产生往往伴随着各种智力活动。比如你在告诉司机往哪条路走的时候是在表达你的思维过程,你在思考问题的时候是在组织你的内部语言,等等。语言的发展一般包含语意(词的意思)、音韵(语音语调)、句法(词语组织的规则)、运用等几个方面,简而言之为听、说、读、写的能力。我们会发现不同的职业对语言发展的要求不同,如播音员需要音调的标准;作家需要语词的丰富和逻辑合理;学者需要语言的精辟和深刻;教师则需要语言的清晰表达……所以我们应该从不同的角度去发展幼儿的语言。比如帮助幼儿理解词汇及语法,这是在培养他们的倾听能力;鼓励幼儿创造性地、符合审美要求地运用语言进行有效的口语交往,这是在培养他们的表达能力;帮助幼儿学会看懂简单的文字和画面信息,这是在培养他们的阅读能力。

我们还要注意,儿童在运用语言的同时离不开一般智力的发展,比如谈话、讨论的过程就是在吸收信息,加工概念;听故事或看书则是在运用观察、理解、比较的过程……由此可见,儿童语言发展的重点不是机械地练习某个词语、某个句式,而是要突出语言的学习与各领域的活动相结合,体现语言的实用性,教师要关注儿童叙述的结构、主题的一致性、语言的表现力和规范性等。

③数学逻辑智能。这是一种与数字有关的智能,包括提出问题并执行实验以寻求答案,靠推理来进行思考、寻找事物的规律及逻辑顺序,测量、归类、分析事物等。比如加减法的学习意味着对整体与部分以及关系守恒的辨析;归类是对物体特征的观察、抽象、辨析、集中;排序是在观察、比较、判断、推理中感受事物的规律……所以,我们在相关的教学活动中不是要教孩子知道

某个数学知识，而是要训练儿童的思维方式。同时，这种智能的培养不仅局限在数学活动中，也贯穿在其他类型的活动中。比如在歌曲《五只小青蛙》的欣赏活动中，随着一只只青蛙跳入水中，幼儿也加深了对数量关系的认识。

④空间视觉智能。这种智能表现为对线条、形状、结构、色彩和空间关系的感知，既包括平面的，也包括立体的。空间视觉智能涉及的方面很多，比如绘画活动中对色彩、线条、形状、形式、空间及它们之间关系的描绘；积木建构中对物体长、宽、高、对称等的摆放；游戏中对场地、障碍的感受、辨别、记忆以及音乐舞蹈中的队列变化等都是这种智能的表现形式。这种智能非常个性化，个体之间的差异也非常大，所以需要教师在童年精心呵护和培养。

⑤音乐旋律智能。这种智能主要是指敏锐地感知音乐节奏、音调、音色和旋律以及通过作曲、演奏和歌唱等表达音乐的能力。这种智能在作曲家、指挥家、歌唱家、乐师、乐器制作者、音乐评论家等人身上表现得特别突出，传统上甚至称为天赋。对于大多数人来说不一定会成为音乐家，但是可以成为欣赏家，通过欣赏音乐引起美好的情感体验。所以，教师需要认识到，音乐智能是一种本能，而不是技能；音乐活动应该是一种享乐，而不是任务。我们在教学中不应该机械地训练孩子听音乐，而是应该充分挖掘他们感知音乐的潜能，让他们能享受音乐带来的快乐。

⑥人际智能。这种智能是指能够有效地理解别人及其关系并能与他人交往。它包括组织、动员与协调的能力；协商、仲裁与排解纷争的能力；察知他人的情感、与他人建立密切关系的能力；善解人意和团体合作的能力等。人际智能直接影响幼儿日后担任

的社会角色。在我们的各类活动中，都能看出儿童这方面智能的发展，比如小组探究中谁是发起人，谁是跟随者，谁是反对者；矛盾产生时谁会妥协，谁会坚持，谁会受到群体指责……因此，教师不应该用空洞的说教让儿童要友爱、谦让、合作，而是需要在真实的互动中促进儿童对自我的定位、对他人的理解、对社会角色（规则）的理解，从而掌握与他人交往的方法。

⑦内省智能。这种智能是指认识到自己的能力，了解自己的长处和短处，把握自己的情绪、意向、动机、欲望，善于从各种回馈中进行反思。这种智能在政治家、哲学家、心理学家、教师等人身上表现得比较突出。儿童期还是内省智能的萌芽期，教师需要做的是保护儿童的自尊，建立儿童的自信。

3.情感社会性发展

这是教师需要重点关注的一项儿童发展，因为它在每一个教学活动中都会发生。请看以下案例：

案例

我也知道的

大班科学活动"好玩的泡泡"开始了，教师首先拿出了很多工具请幼儿猜想哪些工具能吹出泡泡。林林从一开始就伸长了手要回答，可是老师几次都没有叫到他，渐渐地，他露出不满的神色，也不再举手，开始在座位上故意乱喊，并在别人回答后大声嘀咕："这有什么难的！我早就知道了！"他越是这样，教师就越是不请他回答，同时还不停地用眼神警告他，而他也更变本加厉，最后索性玩弄起桌子上的工具。没办法，教师只好把他请到一边静坐反思。

从上面的案例可以看出，林林对这次教学活动的不配合是在情绪受到挫折后做出的消极反抗。对于教师来说，面临的挑战在于要能清晰地把握儿童情绪情感及社会性发展的重点，以便在教学活动的每个细小的环节上都能给以正面的回应。

儿童情感的发展包含理解情感、调控情感、表达情感三个方面，正是在这些方面发展的基础上，儿童学会了遵守规则、适应传统、形成信念和价值观，这也是儿童社会化的过程。在教学中，教师往往喜欢组织专门的活动进行情感教育，却忽略了情感和社会性的发展常常伴随着各种教学内容自然产生，而这要靠教师敏锐地捕捉来展开。这也是本章所说的在一个教学活动中我们要关注到儿童的"多元"发展。

 案例

苹果给谁吃

在《小乌龟看爷爷》的图书阅读活动中，当看到苹果树结出青苹果，鸟儿们都来吃苹果的时候，Y老师问孩子们："要不要给小鸟吃苹果呢？"孩子们毫不犹豫地齐声回答："要！"教师故意露出焦急的神情说："那爷爷吃不到了怎么办呀？"这下，中班的孩子全愣住了。

见此情景，Y老师索性挥舞着手臂做翅膀"飞"到每个孩子的面前去请求："小乌龟，你的苹果给我吃点好吗？"孩子们的回应五花八门，有的孩子语气坚决地说："不行！我要留给爷爷吃的！"有的孩子慷慨大方地说："好的！你吃吧！"如果追问慷慨的孩子爷爷没有苹果吃怎么办，他们则搔着头皮无奈地笑。还有的孩子扭扭捏捏地看着老师不知道该怎么回答；也有的孩子则诚

恳地说:"小鸟你吃吧,明年还会结苹果的,再给爷爷吃。"有个别孩子则笑眯眯地说:"给你吃一半,剩下的留给爷爷!"

一个简单的问题,展示的却是孩子们不同的社会性发展水平。比如,拒绝老师的孩子不太在意他人的感受(老师故意装出很饿、很痛苦的样子);忸怩的孩子则处在矛盾纠结中,他们比较惧怕权威,面对教师的请求不好意思拒绝,只能不表态;让小鸟和爷爷共同分享苹果的孩子则具有超强的人际协调能力,善于处理棘手的问题。

瞧,一个简单的语言教学活动也渗透着如此丰富的情感、社会性教育的元素,这也再一次告诉我们,要善于在日常的教学活动中促进儿童全面的发展。

(三)掌握促进幼儿"多元"发展的策略

除了上面所说的一些发展以外,儿童还有行为、个性等更多元的发展需要。对于这些纷繁复杂的发展点,教师如何去敏锐地捕捉、合理地协调、有效地促进,则需要一些方法和策略。下面就让我们一起来看看有哪些方法和策略吧。

1. 找到智能发展与教学内容之间的联系

在上面的训练中我们发现,每一个教学活动都涉及各种智能的发展,而这些智能又是交织在一起的,所以教师首先要正确地解析教学内容,发现和挖掘教学内容中的智能指向,然后有意识地在教学活动中加以引导。比如在教唱某些歌曲的时候,某些曲调和歌词是重复的,这就涉及数学逻辑智能的发展,教师可以有意识地引导孩子去发现其中的规律,又如在学唱某些歌

曲后，孩子们需要自己替换歌词进行创编，那么教师可以针对词汇的丰富、语音押韵等方面进行指导。再比如大多数的语言教学活动都需要幼儿观看图片，而这正是培养幼儿观察力、逻辑推理能力的好时机。

2. 在教学活动中关注隐性目标的达成

在前一章我们就说过，教学活动的目标有显性的，也有隐性的，尤其是情感、态度、习惯等目标，并不是在每一个教学活动中都有描述。但大多数教师在教学中往往更追求显性目标的达成，如果能更关注隐性目标，那么孩子在教学中的发展就会更加全面。比如在美术活动中，教孩子合理安排画纸、笔盒的位置，以免和他人产生拥挤，不仅能促进幼儿社会性的发展，也能促进幼儿空间知觉的发展；活动转换时，教会孩子正确搬动小椅子的方法或者轻轻走动不影响他人等，可以培养幼儿从小养成良好的行为习惯；在分发学具、材料的时候让小组合作完成，在竞赛中让幼儿学会遵守规则等可以促进幼儿社会性发展；当孩子回答问题不正确的时候，或孩子操作或者尝试失败的时候，教师更要给予正面的鼓励，保护幼儿的自尊心和自信心。

3. 让活动动静交替

通常情况下，安静的活动多涉及脑部智力发展，而动的环节则更多会调动儿童大小肌肉的运动，所以让教学活动动静交替，能让孩子在不同领域的智能之间转换，从而实现多方面的发展。

4. 鼓励幼儿多感官参与

不同感官的运用往往体现了不同智能的发展。比如音乐旋律智能一般和听觉器官的运用关系密切；空间视觉智能则和视觉器官的关系更紧密；触觉发展与数学逻辑智能联系更密切一些……

因此，在教学活动中教师要多创设机会让幼儿运用多种感官进行学习。比如教师在科学活动中如果只是自己演示实验，那么孩子们就只是运用视听器官来学习。如果让孩子们自己去实践操作，那么他们可以看、摸、闻、听，对事物的认识就会更全面和更深入，得到的发展也更加多样。再比如在音乐歌唱活动中，教师不仅可以让孩子听曲调来学唱，还可以通过身体动作的节奏、对图片或图谱的观察、替换歌词等方式让幼儿更深入全面地理解歌曲的整体结构，从而更快更好地学会歌曲。

5. 让活动涉及多领域的话题

虽然我们的教学划分了领域，但儿童的发展是整体的，每种领域的活动中都少不了其他领域的参与，如果教师能合理利用这些机会就能促进儿童获得多元发展。比如在体育活动中让幼儿在竞赛以后自己去点数投入的球，就发展了儿童对数字的认知；在数学活动中让儿童撕贴材料进行操作，也发展了儿童的动作协调能力；不仅如此，在音乐或语言活动中渗透社会性或情感性的教育，在体育活动或故事教学中配上音乐等更是教师们常用的策略了。

6. 让儿童从多角度去认知

从哲学上讲，事物总是有两面性的。从现实来看，我们的确需要从多个方面去看待事物。所以在教学中，教师要积极引导幼儿从多种角度、从事物的各个方面去认知世界。比如对于一个苹果，可以从颜色、形状、味道等角度去感知它，这是对苹果自然属性的认识；也可以讨论它的流通——农民栽种、工人运输、超市售卖，这是对苹果社会属性的认识；也可以讨论苹果所蕴含的美好的含义，这是情感的激发。又如在学习故事《三只蝴蝶》的

时候,除了帮助幼儿理解三只蝴蝶相亲相爱的友情之外,如果能再引导幼儿思考还有哪些办法可以解决困难,就能让幼儿从更多的角度去认识世界。再如现在热播的《喜羊羊与灰太狼》动画片中,灰太狼虽然是反派角色,但孩子们也可以从另一个角度理解它的逗趣、幽默、做事坚持到底的个性品质。

7. 随时丰富儿童的词汇

我们知道,学前期是儿童语言发展的敏感期,而语言的学习是和各类活动密切相关的。同时我们也要意识到,语言的学习不仅仅是词语、句式或语音语调的学习,更是带动着其他认知的发展。比如当幼儿能运用"花瓶"这个词时,他们不只是学会了这个词的发音,还对"花瓶"这个事物有了理解,知道花瓶的基本造型、功能、使用方法等。同样,当幼儿能理解"采蘑菇"这个词的时候,也是对这个具体行为的原因、工具、行动方法等的认识。所以我们说,词汇是引导人们去认知的钥匙。

教师在教学活动中首先应该随时引导幼儿对词汇的关注,遇到一个新的词语时要及时重复、解释,以便让幼儿理解;其次要随时进行词汇使用的示范,尤其可以示范一些同义词,比如当幼儿说"不能"时,教师可补充说"也就是不可以";最后还应该帮助幼儿从琐碎、零散的描述中抽取出词汇形成概念,比如幼儿在罗列蚯蚓、老虎、蝴蝶等时,教师可概括说:"哦,你们说的都是动物啊!"

8. 允许儿童不同的表达、表现方式

我们所倡导的多元发展,意味着儿童在各个方面都能有所成长,而儿童的成长是个性化的,其表现和表达方式都是各不相同的。比如在针对某个问题进行讨论时,有些幼儿能头头是道地进

行阐述，而有些幼儿可能会冲上来手舞足蹈地演示，这是儿童不同智能风格的体现，教师不仅应该允许，甚至应该鼓励。又如在针对某些问题进行的讨论中，有的幼儿会从正面去理解，而有的幼儿可能从反面去思考，对于这样的情况教师更应该包容，切忌维护一方打击另一方，因为幼儿这种思辨的能力正是多元智能发展的重要组成部分。

好了，说了很多，现在就请来做一组练习吧。

【1】请分析在一节"画树林"的美术活动中都包含了儿童智能发展的哪些方面？

【2】请举例说明你在教学活动中通常都是如何促进儿童情感、态度、社会性等隐性目标的达成的？

【3】请举例说明你是如何让活动动静交替的？

【4】请实录一节科学活动，分析教师在其中是怎样促进儿童语言发展的？你还有哪些改进的建议？

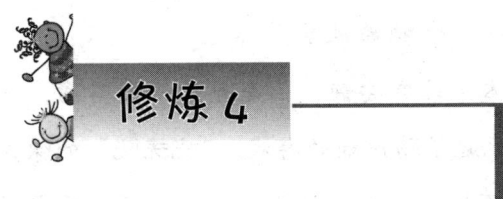

修炼 4

让活动趣味化的技能

趣味是使人感到愉快,能引起并保持持续兴趣的特性。活动的趣味化,也就是通常我们所说的让教学活动"游戏化"。许多教师总是认为"游戏化"就是在活动过程中设计游戏环节,或者整个活动用游戏串联。最明显的例子就是在教幼儿学习或复习一些数学内容时,教师会设计成"闯关"的形式,说有小动物(或好朋友)被大灰狼抓走了,要大家一起闯关营救,每一道关其实就是对一种数学知识的练习,如第一道关是复习5以内的加法,第二道关是点数10以内的数……这些是可以的,因为游戏情境确实是幼儿所喜欢的,但这只是表面形式的游戏化,还没有触及最核心的"游戏"概念,所以,在这里笔者要提"趣味化",以帮助教师更深入地理解"教学游戏化"的意义。还是让我们从大家耳熟能详的一个小故事说起。

铁桶的故事

有一个住宅小区本来非常安静，但是最近一段时间，一群孩子开始在中央花园玩起了踢铁桶的游戏，"哐哐哐"的噪声让大家烦躁不安，但是不管大家怎么抗议，孩子们还是玩得不亦乐乎。

一天，一个老人过来对这些踢铁桶的孩子们说："你们踢的声音很热闹、很好玩，如果你们使劲踢，我每天给你们一块钱！"孩子们听说踢铁桶有钱赚，都卖劲地踢了起来。第二天，老人说："今天不能给一块了，只能给五角。"孩子们听说今天踢铁桶的价格减半了，踢铁桶的劲头也马上松懈了。到了第三天，老人对来踢铁桶的孩子们说："孩子们，今天没有钱给你们了，等我以后有钱的时候再说吧。"孩子们一听没有钱了，纷纷说："那怎么行，一分钱不给，谁会为你卖力？"说完，一帮调皮鬼一哄而散，小区又恢复了过去的宁静。

这个故事在很多杂志上刊登过，也经常被人们转载和提及。在这里笔者不讨论老人处理问题的智慧，而是想讨论孩子们的游戏是怎样被异化的。当最初孩子们玩踢铁桶的游戏时，是源自追求享乐的本能，他们只是觉得好玩、开心，所以谁也制止不了。而当老人为他们的游戏支付金钱的时候，游戏的性质开始发生了变化，踢铁桶不再是游戏，而是一种任务和工作，这种任务和工作追求的是得到奖赏。用通俗的话说，孩子们踢铁桶不是为了让自己开心，而是在为老人踢了，那么当奖赏消失的时候，孩子们"游戏"的兴趣也随即消失了。

把这个故事引申到教学活动我们会发现,真正的"游戏化"是要引发幼儿源自内心的快乐和满足,而不是用一种外在的手段从形式上来体现。其实,从人们对游戏本质的解读中我们也能感受到这些:

- 游戏是人的一种本能。
- 游戏是一种自愿和自由的活动。
- 游戏是一种轻松愉快的活动。

我们在这里讨论让教学活动"趣味化",也就是教学要坚持游戏的精神,而不是套用简单的游戏外壳,我们要努力让孩子们在教学活动中真正地体验到内心的愉悦和满足,而非表面上是游戏,实质是强制和灌输。

那么,让我们先来做个小测试:请分析下面这个活动案例中的"趣味点"在哪里。

 案例

大班数学活动:谁轻谁重*

活动目标

(1) 尝试用生活中的工具测量体重,学习比较轻重。

(2) 学习关注自己的体重,关注自己的健康。

活动准备

健康秤5个,大转盘、小转盘各5个,夹子人手1个,记录表。

活动过程

1. 猜一猜体重(通过猜测引导幼儿关注自己和朋友的体重)

---

* 本案例由张林燕老师提供。

提问:"你们当中谁最重?谁最轻?"教师记录幼儿猜测的结果。

2. 认一认体重秤（帮助幼儿梳理已有经验）

(1) 幼儿自主观察弹簧体重秤。

(2) 和同伴分享自己的发现。

(3) 学会看重量的指示。

3. 称一称体重（3人比较轻重，知道最轻和最重）

(1) 幼儿自主测量体重并用夹子在圆盘上标注结果。

(2) 小组交流测量结果。

(3) 教师帮助梳理，得出全班体重最重的小朋友。

(4) 经验拓展：请幼儿比较得出全班哪个小朋友体重最轻。

4. 说一说体重（引导幼儿关注体重，关注健康）

(1) 请幼儿谈谈对体重与健康的认识。

(2) 小结：原来我们每个人的体重是不同的，有的人重，有的人轻。不管你们是轻还是重，只要身体健康就好；不管你们是轻还是重，老师、小朋友和爸爸妈妈都一样喜欢你们。

可以看出，这是一个非常生活化的教学活动，几乎没有运用一点点我们传统上所理解的"游戏"。但是这个活动就没趣味了吗?答案显然是否定的。在这个活动中，孩子们"玩"得不亦乐乎。

活动一开始，当教师请孩子们来比比班里小朋友谁最轻、谁最重的时候，教室里就开始热闹起来了。每个孩子都开始打量起自己和同伴，纷纷猜测某某重、某某轻，有意见统一的，有争执不休的，被比较的孩子还站起身来摩拳擦掌要比试一下。(场景好玩吧？）

当孩子们知道称体重要用到秤的时候，便开始学习看秤上的刻度。"咦，站上去指针便会转动起来哦。""不同的人站上去，指针就会指向不同的数字啦！""想比别人重，用力踩可以吗？可惜指针抖一抖又回来啦！""个子高高的小朋友，居然还没有那个小个子的重！"（这个过程好玩吧？）

当老师把所有孩子的体重都统一记录到一个大圆盘上的时候，孩子们终于发现："原来我们班的××是最重的，××是最轻的！""哈哈，有的猜中了，有的猜错啦！"（这个结果有趣吧？）

最后，老师告诉孩子们："无论长成什么样，大家都会喜欢你。"然后，和孩子们互相拥抱，并让孩子们相互拥抱。啊，多么温馨和快乐呀！"原来我就是我，我是独特的一个呀。"孩子们发出这样的感慨。

看到这里，你感动了吗？是的，这个过程是多么的有情趣呀，每个孩子不是在执行教师的指令、完成教师的任务，他们所有的行为都源自内心的好奇心理，这就是笔者想说的"游戏精神"。

那好，下面就让我们一起从以下几点来看一看如何提高教学的趣味性吧。

1. 让活动氛围宽松起来

一个满脸严肃、要求苛刻的教师是不会让活动气氛轻松有趣的。所以，请首先放松你的心情，调整你的心态。要知道，教学的过程是你和孩子们在此生度过的一小段时光，等到有一天孩子们离开了幼儿园，可能这辈子你们也不再有机会相遇了呢！所以，不要总想着"教会"，请先享受和孩子们在一起的快乐吧！请注意，孩子们的发展是有很大差异的，而且他们的学习存在"顿悟"

现象,因此当你遇到孩子总是听不懂或学不会的情况时千万不要着急和生气,他们在将来漫长的生活和学习生涯中有的是时间来继续学习!当一个满脸微笑、心情愉悦的教师站在孩子们的面前时,也就为教学活动的"趣味性"打下良好的基础了。

2. 把肢体动作调动起来

幼儿非常感性,认知非常直观形象,所以教师需要运用生动形象的体态或肢体语言来激发幼儿学习的兴趣。比如讲"小鸟飞来了"这一内容时,中小学的老师只要指着黑板口头述说一下即可,而幼儿园老师在面对小班孩子的时候可能就需要边讲边用手臂模拟翅膀拍打的动作来配合了。而依靠这种肢体动作,教师能很好地制造一种快乐游戏的情趣。比如在歌曲《粉刷匠》的音乐教学活动中,教师伴随着歌曲模拟起粉刷匠的动作,在自己身体的四周刷起墙来,于是孩子们也惊喜地跟着教师开心地刷起来。而在故事《小兔乖乖》的教学中,当讲到大灰狼来了的时候,教师做出在椅子上抱紧双臂、蜷缩起身体的害怕样子,也能极好地体现故事的趣味性。

除了配合教学内容进行肢体表达外,教师还应该在教学过程中灵活地走动,随时关注幼儿。比如当孩子表达很精彩的时候,教师给予一个大大的拥抱;在孩子们认真操作的过程中,教师轻拍他们的肩膀给以鼓励等,这些暗示都能让孩子感受到学习的快乐。同时,随机走动可以帮助教师关注到坐在不同位置的孩子,让每个孩子都保持注意力。

3. 让声音、表情生动起来

声音和表情是教师最直接、最丰富地表现精神状态和内心活动,创造无形的、适宜的情绪气氛,促进师幼之间相互沟通的形式。适宜而生动的声音及丰富的表情能有效地调动和激发孩子的学习兴趣。

(1)让声音生动起来。教师要做的就是让语音、语调抑扬顿挫，富有节奏感，让声音能传递出一定的情感讯息。比如当孩子说出一个非常有创意的想法时，教师可以用兴奋的语气说："真的吗？"这样说虽然没有评判想法的对错，但是语气里暗含了对孩子敢于想象的认可和鼓励；而当孩子们说出一些负面的话语时，教师可以用遗憾、沉痛或怀疑的语调说："这样吗？"这种语调则含蓄地告诉了孩子老师的态度。在讲述故事、介绍人物或描述事件时，教师可以根据所讲的内容来调节音量、语速、语调以求吸引和调动幼儿的情绪；或是在说到重点的时候突然停顿或降低声音，这些都能提升活动的趣味性。

(2)让表情生动起来，则需要教师通过对眼、眉、嘴、鼻的有效控制来达成。比如用目光可以表达允诺、拒绝、强制、谴责、赞许、讥讽、同情、厌恶等复杂的思想或者情绪。如果教师嘴巴里说着"真不错"、"你真棒"这样表扬的话，可表情冷漠，甚至略带嘲讽，这是非常伤害儿童的自尊心的行为。因此，在教学活动中，教师的眼神要真诚，目光要能照顾到所有的孩子；在与幼儿对话时要正眼视人，不要横眉冷对；面对孩子时应该尽量舒展眉头、提升嘴角表示愉悦，尽量不要做出咬住下唇、收缩鼻腔等暗含负面情绪的表情。

4.尝试灵活地扮演角色

幼儿园的教学活动往往具有一定的情境性，因此教师如果能灵活地通过扮演教学内容中的角色，使自己及孩子们积极地参与到情境中去，往往能使教学活动产生极大的趣味性。比如在语言

活动"小乌龟看爷爷"中,开始教师和孩子们都是在看着图书讲小乌龟的故事。但是到了要不要给小鸟吃树上的苹果时,教师张开手臂拍着"翅膀"摇身一变成了小鸟,"飞"到每个孩子的面前询问,孩子们顿时愣住了,但随即变得惊喜异常,他们马上把自己"变"成了小乌龟,按照自己的想法来回答了。同样,在数学活动"喜羊羊和灰太狼"中,一开始教师也是和孩子们通过看图片讲故事的方法来理解很多数学问题,但是突然间,教师口气一变说:"好吧,喜羊羊们,请跟着我一起到灰太狼家去找它算账吧!""哇!"孩子们欢呼起来,一下子进入到了游戏情境中,积极主动地完成了接下来的巩固环节。所以说,这种通过角色扮演让孩子们投入到游戏情境中的做法,特别能调动起他们学习的积极性。

需要注意的是,角色扮演特别需要恰当的语言配合。不然,这种好玩、有趣的情境氛围将会显得非常生硬。比如在上面"喜羊羊和灰太狼"的案例中,如果教师慢慢吞吞一板一眼地说:"好,下面请小朋友们来扮演喜羊羊,老师来扮演羊村村长。请喜羊羊们排好队,跟在村长后面,现在一二一二出发吧",然后让孩子们老老实实地跟在老师后面排着队伍走。这样的情境设计要逊色很多。

5. 重视参与性环节的设计

体验是用自己的感官来察觉和验证事物,能让人感觉到事物的真实存在并在大脑记忆中留下深刻的印象,所以特别能激发孩子的兴趣。因此,要提升教学活动的趣味性,教师应该重视参与性环节的设置,多让孩子亲身经历、亲自体验。设想一下,如果想让孩子们认识小鸡、小鸭,你仅仅出示两张小鸡、小鸭的图片,当然孩子们也能按部就班地说出它们长什么样、爱吃什么。但是如果你提供几只活的小鸡、小鸭,那一定会引来孩子们惊喜的尖叫声,而如果你进一步让孩子们能抱抱、摸摸小鸡、小鸭,喂喂小鸡、小鸭,那么这种难以言表的快乐情绪就会弥漫在整个活动中了。所以,让幼儿进行角色表演、自己动手做实验、和同伴辩论、几个小组之间竞争等都是很好的方法。哪个孩子会拒绝这样有趣、好玩的学习呢?

6. 合理使用游戏

游戏是幼儿学习的基本方式,在教学活动中巧妙地运用游戏能很好地激发幼儿学习的兴趣和积极性。游戏可以是一种充满趣味性的语言,比如教师说:"你们都算对啦?哎呀,你们真是小小数学家呀!"或者教师故意说:"啊,我怎么不知道啊?怎么做的?你教教我!"更多的时候,教师会把教学的内容转换成游戏,让孩子在玩中学。

比如在"五一"节前后,要让孩子们了解各行各业的人,教师最好不要拿出图片让孩子们死板地指认,可以设计一个"猜猜乐"的游戏,让部分孩子做猜测的人,其他孩子看图片描述这个行业的服装、工具、工作特点等,看谁最先猜对。这个游戏会让孩子们乐此不疲。再比如要让孩子们练习8以内数的组成,教师可以出示卡片让孩子们练习,但是若能设计成"买水果"的游戏则更吸引孩子:让孩子们自由地在场地上走动,教师说"5"时,就需要5个孩子自由组合手拉手围成圆圈,表示这个篮子里买了5个水果。教师可以不断地变化数字,让幼儿反复游戏,达到练习的目的。

7. 运用直观的视觉或操作材料

与材料的互动是儿童乐此不疲的事,所以教师不要老对着孩子干巴巴地说教。孩子们需要具象事物做依托来愉快地学习,所以教师应尽可能使用一些图片、照片、手偶、实物等。有经验的教师会准备很多人物、动物、物品的小卡通图片,根据不同的需要随时出示粘贴在背景图上;也有教师会准备一些漂亮可爱的手偶或纸偶,随时边讲边演示。当然,为每个孩子准备充足的操作材料更重要,这样能让孩子专注地进行自主思考和研究,这是激发孩子持续学习动力的源泉。

8. 学会设计悬念

悬念是对未知所持的一种急切期待的心情。这种心情从幼儿学习的角度来看,就是一种好奇和好问。因此教师在教学活动中可以改变教学的常规流程,从问题出发来设置悬念,让孩子们感觉活动的新奇和好玩。比如可以在认识磁铁前,让孩子们看头朝下不会掉下来的"跳舞小人";可以用谜语的方式让孩子们猜测某个事物的特征;还可以先讲故事的中间或结尾激起孩子们的疑问,或者故事讲述到一半戛然而止,让孩子们自己去寻找答案等都是很不错的方法。

9. 学会寻找"最近发展区"

"最近发展区"是教师们非常熟悉的一个概念,它是前苏联教育家维果斯基提出来的。孩子在原有的发展水平上还有可能达到的更高一级的发展水平,这两种水平之间的距离,就是"最近发展区内"的学习,是儿童最感兴趣的,也是最能充分调动儿童学习积极性的。比如给大班孩子讲一个过于简单的故事,他们听第二遍时就会转移注意力;而让一个小班的孩子去完成一个过高、过难的任务，他们也会很快放弃。但是如果这个任务在儿童的"最近发展区内"，那么就算不断地失败，孩子还是会饶有兴致地不断尝试，直至成功。而正是这个不断努力的过程，才是孩子们觉得最有趣味的地方。所以，教师在教学活动中不要担心孩子们可能遇到的问题和困难，更不要回避和包办代替其解决，而是要给孩子充分的空间和时间，让孩子们有机会去尝试，从而经历由成功、喜悦所带来的满足感。

10. 尝试利用儿童的经历

几乎所有的人都会有这样的经历：当别人说起一件离你很远、对你来说很陌生的事情时，你会保持沉默，因为你需要一点儿时间来理解、思考。可当你突然意识到这件事和你所知道的某件事情类似或相同时，你会脱口而出："哦，是不是……"然后，你会情不自禁地加入到谈话中。这说明原有的经验是学习新知识的基础。儿童更需要运用他们并不太丰富的原有经验来理解和阐释所面临的新问题，所以教师在教学开始的时候如果能饶有兴趣地问孩子"哎，××事情你们知道吗"或者"××事情你们以前做过吗"，那么孩子们的兴趣就被激发出来了。

11. 学会利用音乐

音乐是奇妙的，它所特有的表情达意功能，能演绎教学所需要的形象化的场景，并对儿童的认知活动有着巨大的推动、强化和调节的作用。音乐能通过形象性和情感性来营造活动气氛、调动幼儿情绪，使幼儿听乐生情、随乐入境、以乐激情，从而产生强烈的学习兴趣，使教学活动妙趣横生。比如在体育活动中配上节奏鲜明、情绪欢快的音乐，能让孩子们更积极地游戏；在讲故事时适时地配上不同性质的音乐，就能营造悲伤、恐惧、欢乐等

不同的情绪氛围。因此,在各种教学活动中如果能巧妙地利用音乐,一定能增加活动的趣味性。

12. 表现一点幽默感

教学中所表现的幽默,是指教师在组织活动时的一个良好的心态,是对孩子天真烂漫甚至调皮捣蛋的宽容和喜爱。教学幽默感主要表现为教学机智,比如孩子虽然答错了,但教师依然会说:"不错啊,已经说到一点了!"幽默也表现为调侃、风趣等,比如当教师问孩子知道哪些种类的粽子时,一个圆头圆脑胖乎乎的孩子说知道有肉粽,教师听后摸摸他的头说:"看来你吃了不少!"幽默有助于消除教师教学过程中的紧张感,能让课堂气氛轻松、活泼、愉快,这是激发孩子学习积极性的重要情绪环境。

根据上面所述,大家对于如何提升活动的趣味性应该有了比较清晰的认识了,那么来做一组练习吧。

【1】请看下面的案例,分析教师的哪些做法提高了本次教学活动的趣味性,哪些做法降低了趣味性。

大班教学活动:有趣的螃蟹

这天,W老师要在班里开展认识螃蟹的活动。她刚想念个谜语请幼儿猜猜今天是谁到班里来做客的时候,忽然有孩子大喊起来:"老师,这里有一只螃蟹!"孩子们兴奋起来,胆大的男孩子都拥挤到前面想抓住螃蟹。W老师沉下脸来,命令孩子们都退回到座位上。她把螃蟹抓回箱子里,然后依照原计划开始朗诵谜语,孩子们嘻嘻笑着大声回答:"是螃蟹!"

接着,W老师请孩子们分成4组,分头去观察螃蟹的外形。孩子们又开始兴奋起来,拿着筷子去玩螃蟹。W老师问孩子们:

"螃蟹长得什么样？身上有什么特征？"可是孩子们顾不上回答，他们七嘴八舌地喊："哇，螃蟹的大钳子好厉害！""为什么螃蟹在吐泡泡呀？""咦，螃蟹肚子上的形状怎么不一样呢？"W老师觉得教学活动无法进行下去了，就收起螃蟹，让孩子们重新回到座位上，请他们描述自己刚才的发现。她不断地提问："螃蟹长什么样呀？它有几条腿？它是怎么爬的？"渐渐地，孩子们开始没精打采起来。

最后，W老师请孩子们去研究螃蟹爱吃什么。她重新让孩子们分组去观察螃蟹，然后给了每组幼儿一些青菜、米饭、巧克力、苹果以及一张表格，请他们去设计一个长期观察记录表。幼儿又开始七嘴八舌地讨论起来，并开始用食物逗弄起螃蟹来……

【2】选择一些不同性质的音乐，尝试把它们运用到一节语言活动或社会活动中，说一说这些音乐在活动环节中的作用，并体会一下是否真的有用。

【3】找出几个自己实施过的教学活动，仔细分析一下里面的参与性环节效果如何，并思考可以如何改进。

【4】拍摄一个自己组织的教学活动，回放观看自己的动作、表情和语气语调，分析是否有需要改进的地方。

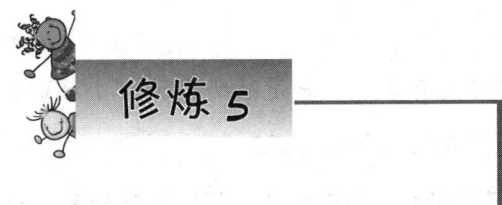

顺利导入活动的技能

导入环节作为教学活动的起始部分,是激发幼儿作为学习的主体进入最佳学习状态的关键所在。适宜的导入不仅能引起幼儿积极的情绪反应,还能在幼儿已有的知识经验与新的学习任务之间建立起关键性的联系,达到意想不到的的效果。当前,大多数教师在活动导入的过程中往往比较重视游戏情节的设计,而忽视导入环节对教学主要任务的激发作用。

 案 例

海狮生病了

教学活动一开始,教师用焦急的语气说:"小朋友,有一只小海狮生病了!我们该怎么办呀?"

孩子们被老师的表情所感染,积极举手发言:"给它吃药吧,我生病后妈妈都给我吃感冒药的!"

"我们送它去医院吧!"

"打针!"

……

教师对孩子们的回答没有回应,而是继续提问:"小海狮生病了,心里很难过,我们可以怎么帮助它呢?"

幼儿又答:"送它好吃的!""安慰它一下!"听到后面这种回答,教师立刻高兴地说:"好,那我们今天就来学一个舞蹈,学会了去表演给小海狮看,安慰它,让它高兴起来好吗?"

至此,孩子们忽然明白了,原来今天老师要教他们一个舞蹈。

案例中,教师花了5分钟,兜了一大圈,说了许多话,为的只是告诉孩子们当天要学一个舞蹈。类似这样的开场在日常的教学活动中屡见不鲜,原因就是教师对教学导入环节价值的认识还不够清晰。下面就让我们请一起来看看,教学活动的导入环节究竟有哪些作用和意义。

(1) 集中注意力。教学活动是幼儿园一日活动中比较特殊的学习形式,因为在这个时候需要大家围坐在一起就共同的话题展开思想的交流和碰撞。这个过程是幼儿分享他人智慧、尝试相互认同、建立核心价值系统的过程。它需要幼儿保持注意力跟上集体思维的进度。所以教师需要一个良好的开局来吸引幼儿的注意力,让他们的思维集中起来,为整个活动的顺利开展奠定基础。

(2) 激起好奇心。学习的动力是兴趣,孩子们只有对所学的内容充满好奇、惊喜、兴趣才能尽快地进入到教学活动中,并持续地保持注意力,积极地参与。所以,教师需要利用导入环节巧妙地激发起孩子们的好奇心,激发他们对所学内容的兴趣。

(3) 营造学习氛围。氛围是弥漫在周围的一种情绪和情调,是特定空间中能吸引人、打动人的内在精神力量。学习的氛围应该是能让学习者在周围和内心都能感觉到的一种或严肃紧张、或轻松活泼的气氛，它和当前要学习什么内容有很大的关联。而导入环节的开展将直接制造这种氛围，为教学活动的开展奠定良好的基调。

（4）唤醒原有经验。心理学研究表明，当新事物与人已有的认知有关联时特别能引起人的注意。比如教师把一艘模型船放在桌上，会吸引很多孩子，不过引起他们注意的可能是"今天老师为什么要拿来一艘船"，但如果这些孩子中有一个刚刚坐船旅游过，那么他一定会十分兴奋，会仔细观察这艘船的特征，会大声告诉大家他坐的那艘船是怎样的以及与这艘船有什么区别，等等。这个孩子对这艘船的兴趣会超过其他孩子，是因为他对船的已有经验在起作用。所以在教学活动的导入环节唤醒孩子的原有经验非常重要。

以上就是我们能发现的一些导入环节的价值和作用，也许老师们在实践中还发现了它具有的更多作用。现在需要考虑的是，我们如何在导入环节发挥它的这些作用？下面就让我们一起来看一看一些可以运用的方法。

1. 营造欢迎的氛围

教师通常会安排一个空间来开展教学活动，不过要意识到，当孩子们陆陆续续开始进入到这个空间时，教学活动的导入部分也就开始了。所以在教学活动刚开始时欢迎孩子，让他们感到这个空间接纳、包容的氛围很重要。你可以：

- 轻轻招呼孩子们选一个喜欢的座位坐下来。
- 和每一个孩子进行眼神交流，尤其是那些看上去漫不经心、

心思还沉浸在别处或东张西望的孩子。

● 微笑着做一些有节律的手势动作,让先安静下来的孩子跟着你做。

● 走到还在游荡的孩子面前,边做动作边用微笑的眼神提示他。

记住,不要试图在嘈杂的环境中开始教学活动,尤其不要在孩子们还没有做好准备的时候开始,要让孩子们都安静下来。

2. 直接告知活动主题

有的教师觉得教学活动开始应该设置一些悬念来吸引孩子,这的确一种导入方式。不过,当活动内容本身已经很有内涵的时候,不妨单刀直入,直奔主题。比如和孩子们说:"今天老师将要讲个故事,小朋友听听故事里的小姑娘遇到了什么可怕的事情。"或者"今天我们将要玩一个游戏,在玩游戏前我们要学会一个奇妙的本领。"这就很有趣味了,因为"可怕"、"奇妙"本身已经够吸引孩子了,此时就不用再故弄玄虚。

3. 承接上一次活动

当前幼儿园的课程多为主题式的活动,它的最大优点是在某段时间让孩子们围绕某个话题开展一系列的活动,这样每一个活动都成为后面活动的经验基础。所以在教学活动的导入部分,如果能从上一次的活动开始说起,那么就能很好地唤醒儿童的已有经验,为孩子们接下来要学习的内容铺上第一级台阶。比如在开展树叶贴画活动的时候,教师不妨先从上一次外出捡树叶的活动谈起,问问孩子们:"昨天我们到院子里干什么去了?你们的树叶是从哪里捡来的?你都捡到什么形状的树叶了?"这就唤醒了孩子们上一次活动的愉快情绪，让他们能以同样的情绪投入今天的活动；也能让他们感受到这些树叶是自己的劳动成果，从而更精心地去设计制作树叶贴画；同时也把孩子上一次对树叶形态的无意观察转换成本次活动的有意关注，巧妙地为接下来的树叶造型活动奠定了基础。

4. 从相关的话题开始说起

同上所述，从与本次活动密切相关的话题开始说起，为孩子们搭建原有经验与新经验之间的桥梁，也不失为一个好的导入方法。比如在进行"手影造型"活动之前，先问孩子们："你们以前用手玩过游戏吗？是怎么玩的？"；在进行安全教育活动前，问孩子们："你们还记得上一次大地震的事情吗？"；在开始阅读一本新书以前，问孩子们："你们读过这本书吗？"或"你会看书吗？你平时看过哪些书？"这类导入方式非常自然，能很简洁地跟进接下来要揭示的活动主题，诸如"那么今天我们要用手来玩新的游戏"、"我们今天就来学学发生危险的时候该怎么办"、"我们今天来看一本新书，看谁能找到方法看懂"等。

5. 运用问题情境引起思考

求知欲和好奇心是学习的基本动力。运用问题情境能使幼儿产生疑惑、惊诧的感觉，可以很好地"抓住"幼儿的注意力，激起他们解决问题的欲望。比如在上面所讲的"海狮生病了"的案例中，教师使用的就是问题情境法。有时候教师也会用一个布娃娃或木偶来表演着急或哭泣的角色，然后用请小朋友来帮忙的方式引出教学内容。这种导入方式难在问题情境的设计要巧妙，既要吻合教学内容的需要，又要不生硬牵强。比如在教唱歌曲《迷路的小花鸭》前，教师用木偶表演小花鸭迷路后焦急哭泣的样子，

就非常有针对性。

6. 用谜语引出

这是很多教师都会用的方法,尤其适合一些认知动植物的教学活动。教师需要注意的是,谜语要和教学活动内容密切相关,而且谜语的难易程度要和幼儿的年龄或经验匹配。

7. 从游戏开始

趣味的游戏最能抓住孩子的眼球,所以在导入部分做一个小游戏也不失为一个好方法。比如在幼儿陆续入座时,教师一边观察幼儿的服饰一边说:"我找到一条红裤子!我找到一件蓝背心……"然后和被点到的幼儿击掌;在数学活动开始时,教师大声报数,让幼儿根据所报数字找到相应人数拥抱等。

总之,导入环节的设计不能机械化,要针对不同的教学内容灵活处理。同时,要注意以下几点:

(1)注重导入的情趣性。教师成功实施教育的第一位助手是幽默睿智。它可以创造出一种有利于儿童主动学习的轻松愉快的气氛,让孩子们在这种气氛中受到熏陶和感染。所以,教师在教学活动的导入环节应该着力创设这样一种轻松愉快的氛围,以便使幼儿更加积极地参与接下来的活动。

(2)注重导入的简洁性。"导入"的基点在"导",因此在这个部分的设置上切忌故意绕圈子、走弯路,切忌说话滔滔不绝、不着边际。要抓住重点简洁明快,起到立竿见影的效果。

(3)注重导入的新颖性。导入环节不能有固定的套路,教师导入的语言也不能总是千篇一律。所以在不同的教学活动中导入方式也要常"新",让儿童每一次都有新的兴趣被激发出来。

(4)注重导入的主体性。导入的目的是唤起儿童学习的积极性，所以在导入环节时要凸显儿童和学习内容的主体地位，不要仅关注花哨的形式，而要突出教师对儿童的情感表达，从而激发儿童向往和老师、同伴共同学习的愿望，使教学活动的下一步顺利展开。

接下来，让我们来做一组练习。

【1】请看下面这两个针对同一个乐曲设计的教学活动，分析它们导入环节的设计意图及作用。设想一下，如果由你来设计这个教学活动，你会怎么导入。

中班音乐活动：加油干*

活动目标

(1) 理解歌曲内容，初步学习演唱歌曲。

(2) 感受歌曲明快、有力的特点，通过肢体动作和乐器演奏表现音乐。

活动准备

自制图谱；铃鼓8个、圆舞板4个、碰铃4副、小京镲1副；音乐磁带，钢琴现场伴奏；教师装扮用的围裙、厨师帽。

活动过程

1. 教师装扮成厨师，引出课题

(1) 师："我是一个厨师，我们厨房有很多人在一起快乐地干活，可热闹啦！你听——"

(2) 播放歌曲，教师表演动作，幼儿欣赏。

2. 运用图谱，理解歌曲内容，学习演唱

(1) 提问："你听到了什么？他们在干什么？"幼儿自由回答。

---

* 本案例由赵晓怡老师提供。

(2) 学习前两句。出示图谱（拳头），提问："为自己加油鼓劲的时候会用什么动作？"（练习握拳）

(3) 观察图谱。师："拳头有什么不同？"（前两个小的拳头表示加油，后两个大的拳头表示使劲、有力）重点练习"嘚嗨"，引导幼儿唱得有力，可加入踩脚动作。

(4) 学习中间句。教师再次完整范唱，提问："他们在干什么？"（洗菜、切菜、烧菜）

师："劳动时发出来的声音真热闹！"鼓励幼儿学三个象声词，并加入适当的肢体动作。

(5) 看图谱，幼儿随伴奏完整学唱2～3遍，强调"嘚嗨"要唱得有力量。

3. 尝试用乐器伴奏

(1) 出示乐器（铃鼓、碰铃、圆舞板），幼儿依次复习其演奏方法。重点：铃鼓的摇奏。

(2) 尝试为乐曲配器。

①提问："你觉得哪种乐器比较适合劳动中发出的热闹声音？"幼儿自由回答，教师帮助进行音色的比较。

②共同配器：（红色拳头的图）全体演奏；（中间句的前半句）铃鼓拍奏；（中间句的后半句）铃鼓摇奏。

③重点练习中间后半句的铃鼓摇奏。

(3) 全体演奏1～2遍。提醒幼儿注意图谱中大小拳头的力度区别。

(4) 出示小京镲，介绍乐器名字。师："这是加强乐器，在音乐特强音时可以用上它。"教师演奏京镲（大拳头处），全体齐奏一遍。（播放歌曲）

4. 整理乐器，结束

师："你们都是勤劳的孩子！"

中班音乐活动：劳动歌

活动目标

（1）感受乐曲明快、有力的特点。

（2）用热情、有力、欢快的声音学唱歌曲，尝试与同伴合作表演歌曲。

活动准备

伴奏音乐、音响设备、歌曲图谱、拖把、水桶。

活动过程

1. 律动进场，营造劳动的氛围

幼儿伴随《幸福拍手歌》的音乐，进入活动室。

2. 发声练习"tuo——"和"ca"，练习长音和短音

(1)师："这是什么？（出示拖把）它有什么用？（拖地）。不过，今天我要用这个拖把和你们玩个游戏。我只要在地上拖，你们就一直要发出'tuo——'的音，直到我停下来。如果看到我洗拖把，你们就发出'ca'的音。我们来试试看。"

（2）引导幼儿练习长音和短音若干遍。

3. 播放歌曲，帮助幼儿熟悉歌曲

师："老师平时在家拖地的时候，总喜欢唱一首歌，一边拖一边唱。越唱越有劲，越拖越有劲。你知道这首神奇的歌是怎么唱的吗？你们想听吗？"教师边表演拖地边完整播放一遍歌曲。

4. 幼儿理解歌词并学唱

(1) 教师范唱1遍。师："原来这些'哩哩哩哩、啦啦啦啦、罗罗罗罗、嗨'，都是劳动时发出的声音。"

(2) 师："现在我们也来试试看，你们唱得越轻快，我的拖把就洗得越干净。"教师和幼儿合作演唱几遍歌曲。

(3) 师："现在我们把小拳头握起来，嗬嗨——嗬嗨——嗬嗨。加上动作，我们再来一次。"带领幼儿练习若干次。

(4) 请幼儿按性别分组合作演唱歌曲。

5. 幼儿创编洗衣动作，合作演唱歌曲

(1) 师："地板终于拖干净了！不过，还有很多衣服没洗呢。你们知道衣服是怎么洗的吗？"

(2) 师："我们现在就和着音乐来试一试。"播放伴奏音乐，教师表演洗衣，幼儿完整演唱。

6. 幼儿听音乐离场

师："我们回到教室去，小朋友看看有什么能帮老师做的。"播放音乐，结束活动。

【2】请找出几个自己设计并执教过的活动，分析其中导入部分的合理性，尝试进行改进。

【3】观摩几个有经验的教师的教学活动，分析它们使用了哪些导入策略？哪些是我们上面讨论过的，哪些是我们没有讨论过的。

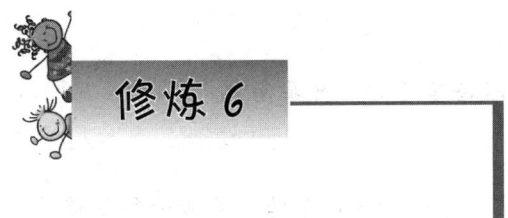

恰当呈现活动内容的技能

呈现环节是教学的核心部分,是教师展开教学内容实施"教"、儿童发挥自主能动性开展"学"的过程。这个过程的开展依赖的是"内容"。内容,指事物所包含的实质性因素,是与"形式"相对的一个概念。教学内容,可以是广义上的概念,如科学领域中有关动物的认知、对科学现象的探究等;也可以指具体的内容,如某一科学活动的内容是"蚂蚁",它是活动的基础和载体。教学内容需要有一定的形式才能呈现在幼儿的面前,引起幼儿的兴趣,使幼儿在与之互动中成长和发展。下面,我们就通过两个案例来看看,老师们通常是如何来呈现内容的。

 案例 1

大班语言活动：云朵面包*

活动目标

（1）理解故事内容，感受云朵面包给心灵带来的温暖。

（2）能根据故事中的云朵面包进行延伸想象。

活动准备

（1）经验准备：幼儿对绘本的构成有一定的了解，如封面、封底、环衬等。

（2）材料准备：原作书、由书放大制作的PPT、面包、背景音乐等。

活动实录与分析

1. 引出课题

教师端出若干面包。

师："瞧！这是什么？"

幼："是面包。"

师："今天我们一起来欣赏一个有关面包的故事。"

2. 配乐观看图书PPT

师："（轻轻地打开书，指着第一页）天气如何？"

幼："下雨了。"

教师结合图书PPT的播放，讲述故事。

3. 讨论、赏析

教师预设一些问题，并根据教学现场随机应变。

---

* 本案例由胡洁老师提供。

师:"这天的天气怎样?"

幼:"很冷,这种天气我就起不来了。"

师:"两个小猫做了些什么?"

幼:"下雨的时候,它们没有撑伞,脸上弄湿了。"

师:"它们拾回了什么?"

幼:"云朵。"

师:"妈妈用它做了什么?"

幼:"烤了面包。"

师:"爸爸怎么了?"

幼:"爸爸冲出去,上班来不及了。"

师:"家里发生了什么神奇的事情?"

幼:"面包自己飞出来了。"

师:"这本书的名称是什么?"

幼:"《云朵面包》。"

师:"云朵面包给每个人的心情带来了哪些变化?"

幼:"妈妈觉得怎么有那么奇怪的事,爸爸觉得自己的儿子很乖,孩子觉得这云朵面包太有意思了,自己都飞到天上去了。"

师:"连天气都发生了变化,你看到了吗?"(引导幼儿看环衬,着重对天气进行前后对比)

幼:"不下雨,有很多云了,慢慢地好起来了。"

师:"那么你们的心情有变化吗?"

幼:"我也想吃这个面包。"

师:"你最喜欢书中的谁?为什么?"

幼:"我喜欢哥哥,这个哥哥长得很可爱。他还和弟弟做了很有意思的事。"

4. 延伸想象

师:"假如你有这样一块云朵面包……"

幼1:"我想吃了飞到动物园的上空,看很多动物。小鸟还能在我身边飞过。"

幼2:"我想我吃了那个面包,可以一直飞啊飞,飞到海南,去游泳。"

幼3:"我就可以自己飞到幼儿园,不用爸爸妈妈送了。"

幼4:"我想飞到云朵里去看看,看看云朵是不是像棉花一样?"

中班数学活动:喜羊羊与灰太狼*

活动目标

(1)能以自身及客体为中心,比较物体的前后方位。

(2)体验前后关系的相对性,并学习正确表述。

活动准备

喜羊羊与灰太狼的胸贴幼儿人手一张;背景音乐一首;图片两张。

活动过程

1.情景导入,感知方位中的最前面与最后面

(1)热身活动。

师:"今天我们收到慢羊羊村长的邀请,去青青草原上做客哦!请大家排成整齐的一列队伍,一个跟着一个走。现在,出发!"

---

* 本案例由金晓若老师提供。

(2) 放松活动。

师:"累了吧,让我们伸出小手给你前面的同伴揉揉肩、敲敲背,放松放松吧!"

师:"谁没有给同伴敲过背?为什么?"(排在队伍最前面的小朋友不需要敲)

师:"让我们回头跟后面的同伴说声谢谢吧!谁没有说谢谢?为什么?"(排在队伍最后的小朋友不需要说)

(3) 小结:原来我们的队伍是有方向的哦,有最前面也有最后面。

2. 游戏"找到了"

(1) 师:"慢羊羊村长请你们找到羊儿的标志贴在自己的胸前成为青青草原上的一只羊。请注意是在哪里找到羊儿的标志的?"

(2) 师:"你找到了哪只羊的标志?在哪里找到的?"(黑板的前面,桌子的前面,椅子的后面,老师的后背……)

(3) 小结:原来每一样东西都有前后,比如这把椅子,朝着我们的这面就是前面,有靠背的这一面就是后面。

3. 游戏"排座位"

(1) 师:"慢羊羊村长要给你们排个座位坐下来,快到我身边来吧,羊儿们!"幼儿根据教师的指令就座。比如坐在最前面的是沸羊羊;坐在最后面的是美羊羊;美羊羊的前面坐的是懒羊羊;沸羊羊的后面坐着喜羊羊……

(2) 请幼儿说说自己的前后方位:你坐在谁的前面,谁的后面?

(3) 师:"让我们一起骑着马儿玩一玩吧!小椅子背儿是马头,我们该怎么骑才是骑马呢?"请幼儿反坐在椅子上。

(4) 师:"现在谁在最前面,谁在最后面呢?你的前面是谁,后面是谁呢?怎么和刚才不一样了呀?"

(5) 小结:原来转身了,方向也就跟着变了。

4. 游戏"灰太狼要吃小羊"

(1) 介绍游戏方法:教师扮演灰太狼,幼儿扮演小羊。每次请一组小羊上来,小羊跟着灰太狼跑。灰太狼说停,小羊就要静止不动。然后,灰太狼说:"我要吃的是喜羊羊前面的小羊或穿红皮鞋小羊前面的小羊,或穿蓝衣服小羊后面的小羊。"该位置的小羊必须马上跑回家。判断错误的小羊要被捉。

(2) 集体游戏2～3遍。幼儿熟悉游戏后,请个别幼儿来扮演灰太狼继续游戏。

5. 活动结束

师:"让我们到大操场上继续玩这个游戏吧!"

这两个案例因为属于不同领域,所以让我们看到了不一样的内容呈现方法。第一个案例是个语言活动,其内容来源于一本图书,图书是一个实体,是其内容的载体,教师可以非常方便地利用这个载体,通过逐个页面的阅读让内容自然地展开,从而激发儿童创意想象的兴趣。而案例2是一个数学活动,"前"和"后"是存在于孩子脑海中的抽象概念,它没有具象的物质载体,因此教师设计了几个游戏,通过游戏的方法让幼儿来体验、理解乃至运用这个抽象的概念。这些方法都是常见的内容呈现法。根据不同内容的特点,教师在呈现的过程中需要注意以下几点:

(1) 呈现需直观。儿童的认知是直观形象的,所以教师在呈现教学内容的时候需要运用一些策略让内容变得生动直观。比如针对语言活动提供的图片应该形象生动，要能反映出故事中角色的性格、事件发展和矛盾冲突；针对歌曲、舞蹈等教学内容，教师除了用身体动作来呈现以外，还可借助画面和符号进行直观化处理；科学教育或社会教育的内容比较抽象，最好用问题情境来呈现；数学内容则最好用材料来具体化，让儿童在与操作材料的互动中直观理解抽象的概念。比如要让儿童理解 4 比 5 少 1、5 比 4 多 1 的差异关系，用说教的方式呈现，就不如用花片一一对应来呈现（图 6.1）更能让儿童感知理解。

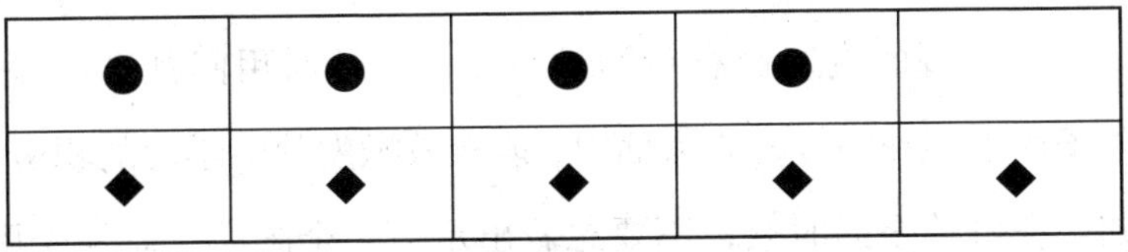

●	●	●	●	
◆	◆	◆	◆	◆

图 6.1

（2）呈现要有序。对内容的理解是一个心理过程，在皮亚杰的认知理论中是用"顺应"和"同化"来表示的。这就告诉我们，我们只有根据儿童的心理接受过程来有序地呈现内容，才能帮助儿童更好地理解和吸收。比如在上面的案例"喜羊羊与灰太狼"中，教师就是根据"从自身出发了解前后"——"从客体出发了解前后"——"发现前后具有相对性"这样的脉络来呈现教育内容的。这就使儿童每获得一个认知都是在为进一步建构新的认知打基础。

（3）难点可前置。教学的过程是一个内容逐步深入的过程，在这个过程中有些内容是儿童已经熟悉的，或者我们可以称为具备已有经验的，有些内容是需要儿童去发现掌握的，也称为最近发展区，这也是教学的重点，而这些重点中有时候会有一些特别难的内容，容易在教学中对儿童构成障碍，那么我们可以运用一些策略首先解决它们。比如歌曲中有一句歌词的节奏特别难，那么我们就可以在教学开始部分和幼儿玩一玩节律游戏，把这个节奏先拆分再聚合让幼儿先掌握，然后幼儿在学唱歌曲到这一句时就比较容易和轻松了。

(4) 挑战是关键。要让教学活动充满吸引力，让儿童能感觉到无限的趣味，其关键是内容的呈现必须具有挑战性。很多教师在呈现内容的时候平铺直叙，孩子只要跟着看、跟着说，不用自己动脑筋想一想，那么他们很快就会失去继续探究的兴趣。所以让每一个呈现的内容都有新的学习点，并适时用问题进行提示，让孩子怀着强烈的好奇心去面对，能有效激发他们学习的积极性。比如，在讲故事的时候，不要急着出示下一个画面，而是先用语言提示："哎，接下来小兔会怎么做呢？"然后让孩子思考几秒，这样一步步讲下去，会让孩子紧紧跟着内容的展开深入地学习。当然，内容具有挑战性更重要的是内容中的重点和难点要符合儿童的认知水平和成长需求，当内容落后于儿童的已有水平或超过他们的发展能力的时候，都会对儿童丧失吸引力。

案例

谁的肚脐眼

《谁的肚脐眼》*是一本有趣的图画书，它列举了很多各不相同的"肚脐眼"，如樱桃的、苹果的、西瓜的、包子的，让孩子们在猜猜、认认中学会观察事物。小班的 A 老师和大班的 D 老师都觉得这个内容很有趣，便各自设计了教学活动。他们设计的

---

* 蕾蕾. 谁的肚脐眼[J]. 东方宝宝，2008 (06).

教学环节非常接近，都是首先出示事物的"肚脐眼"，然后请孩子们猜测这是谁的"肚脐眼"，最后出示事物的整体，揭晓谜底。

但实践后发现，这个内容看上去很浅显，尤其书中的画面都是大大的实物图片，很接近婴儿识图卡，仿佛很适合小班的孩子学习，但是"肚脐眼"这个概念又涉及事物的细节特征，而小班的很多孩子连某些事物本身都不太认识，对其细节特征就更陌生了，所以看了几幅画面以后，很多孩子开始发愣，注意力涣散了。而大班的孩子虽然面对的是非常简单的画面，但是思维极其活跃，猜猜说说非常开心，分组后还创造性地设计了许多不同事物的"肚脐眼"，让同伴来看看猜猜。

从上面的案例我们可以发现，内容的呈现是一种形式，这种形式是为儿童理解内容服务的，所以教学中教师不要被简单的形式所迷惑，要注重内容的内涵，这才是真正促进儿童发展的要素。下面就让我们一起来看看有哪些内容呈现的策略。

1. **画面呈现法**

画面呈现法，是指教师用图片的形式直接出示教学内容，在和幼儿看看、谈谈、说说的过程中呈现学习的重点。比如，在大多数的语言教学活动中，教师会通过图书、图片、录像、课件的展示，在与幼儿的提问、交流中呈现学习内容；在音乐欣赏活动中，教师也常常运用图谱呈现乐曲结构，让幼儿一边听音乐一边看图谱，从而更深入地理解乐曲。

2. **实物呈现法**

实物呈现法，是指教师尽可能地把真实的事物展现给幼儿看。比如，在"有趣的树叶"的活动中，教师会出示各种收集来的树叶，先请幼儿看看、摸摸、闻闻、玩玩，感受树叶的多样性；然后请幼儿比较两片叶子的不同，引导幼儿具体形象地感知树叶各方面的不同。这样，在对真实树叶的观察中，树叶的基本特征便逐步呈现出来了。在大部分的科学教育活动中，我们也提倡给幼儿真实的物品和真实的感受。比如在科学活动"认识磁铁"、"认识小鸡"、"观察螃蟹"中，教师都运用了实物来真实地呈现内容（图6.2、图6.3、图6.4）。

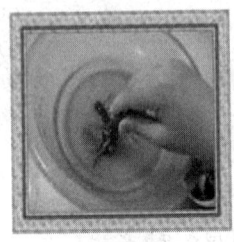  

图 6.2　　　　　　　图 6.3　　　　　　　图 6.4

3. 动作呈现法

动作呈现法，是指教师运用动作来呈现学习的内容。比如，在舞蹈活动"转个身儿来跳舞"中，教师先示范表演一遍，呈现舞蹈动作的要领，然后请幼儿说说看到了什么动作。在美术领域的纸工、泥工活动中，教师也经常使用动作呈现诸如"捏"、"压"、"团"等技能；在绘画水彩画活动中，教师用动作示范蘸颜料、舔笔的方法。

4. 悬疑呈现法

悬疑呈现法，是指教师抛出问题，让幼儿自己去发现问题的答案，从而让知识、技能呈现出来。比如，在数学活动"小熊分饼"中，教师在用故事引出话题后便抛出问题："两只笨熊为什么会上狐狸的当？你会帮小熊分饼吗？"随后，教师提供圆形、正方形、长方形等图形请幼儿操作，使"等分"的概念自然地呈现出来。又如在早期阅读活动中，教师出示图书后引出问题："到底书里是怎么讲的呢？"然后，让幼儿先自己看，再交流个人看不懂的地方，之后进行讨论，使幼儿从疑问走向清晰。

5. 情景再现法

情景再现法，是指教师通过情景来呈现教学内容，使幼儿自然参与活动。比如，在律动活动"美丽的蝴蝶"中，教师播放音乐，请幼儿想象蝴蝶飞舞的样子，然后自由表演蝴蝶飞的动作，当音乐停止的时候，幼儿要学小蝴蝶摆个漂亮的姿势停在花上。就这样，教师通过音乐和情景的创设，使幼儿一步步自然而然地学会按节奏进行律动。

下面就请做一组练习。

【1】在下面的活动中，教师运用了哪些策略来呈现"不同行业的工作"这一内容？

大班社会活动：各行各业大聚会

活动目标

（1）进一步了解不同行业的特征。

（2）感受各行各业的人们与自己生活的关系。

活动准备

（1）经验准备：幼儿课前已了解理发师、医生、警察、快递员、消防队员等不同工作者的工作内容及特征。

（2）材料准备：医生、理发师、厨师、消防员、快递员、建筑工人等职业及相应的工具图片。

活动过程

1. 说一说

请幼儿说一说自己爸爸妈妈的职业,介绍自己所理解的该职业的特征或工作内容。

2. 猜一猜

游戏玩法:出示某一行业工作者的图片,请一个小朋友背对画面,通过其他小朋友观察图片后的描述来猜猜这是哪个行业。

游戏规则:猜谜者不能看图片;提供信息的幼儿不能说出工作的名字,只可用语言来描述这种职业的特征。

3. 连一连

(1) 请个别幼儿扮演交通警察、医生、建筑工人等,其他幼儿为这几个行业的工作人员选择工作所需要的工具和材料(贴在该工作人员身上)。

(2) 引导幼儿检查对错,组织幼儿进一步讨论、交流对这几个行业的认识。

(3) 更换行业,请幼儿找找这些行业所需的工具。

4. 找一找

请幼儿回家继续寻找更多不同行业的工作者。

【2】请分析下面的活动中教师是怎样有序地呈现制作难点的?

中班手工活动：信封玩偶*

活动目标

(1) 欣赏信封玩偶，了解动物的外型特征。

(2) 尝试在信封上正反作画，并粘贴立体造型。

活动准备

信封玩偶成品若干，大号信封人手一只，水彩笔，彩色纸片，剪刀，固体胶。

活动重难点

掌握动物的特征，正反作画。

活动过程

1. **是谁藏起来了**

(1) 将事先做好的信封玩偶直立且背对幼儿展示（信封背面有尾巴图案显示），提问："猜猜它们是什么？"

(2) 逐一转过信封玩偶介绍：

- 熊猫哥哥，黑黑的眼眶，穿着一件条纹衣。（强调用水彩笔细致描绘出动物的外貌特征）
- 小熊弟弟，小小的耳朵，穿着一件格子衣。（强调用水彩笔细致描绘出动物的服饰特征）
- 大象叔叔，长长的鼻子，穿着一件花背心。（强调用彩色纸剪出耳朵、鼻子、尾巴等进行粘贴，增加动物的辨识度）
- 小猴妹妹，红红的脸蛋，穿着一件花朵衣。（强调要正反作画，特别是尾巴和服饰，保持画面的立体性）

---

* 本案例由胡洁老师提供。

2. 你来藏一藏

（1）幼儿每人创作一只信封玩偶。（辅助的彩色纸不仅可以用来做小动物的身体部件，也可以用来做服饰等进行装饰，让幼儿发挥想象力）

（2）教师巡回指导，表扬有创新想法的幼儿。

3. 玩捉迷藏游戏

游戏玩法：幼儿两人一组，将信封玩偶套在手上且背对同伴，请同伴猜猜小动物的名称。

【3】请用下面的素材设计一个语言教学活动，思考你可以用哪些不同的方式来呈现这个故事？

多多岛大钟[*]

多多岛上有一口大钟，每天在每一个整点，它都会发出准确而响亮的报时声。人们记不清多多岛上什么时候装了这口钟，只知道大钟从来都没出过错，大家喜欢按着大钟的时间生活。可是，最近大家发现这口钟每个整点都会走慢几分钟。

有一天早晨，大钟突然停了。没了大钟报时，上学的孩子赖床了，公交车发车误点了，上班的人们迟到了。马路上也乱成了一锅粥，红绿灯随意闪动，不分先后，汽车按着喇叭大声叫，行人们没有信号灯的提醒在马路上乱走。而到了中午，干了一上午活的人忘了按时吃饭，病人忘了按时吃药。到了傍晚，多多岛上的人们因为不知道时间，白天做事情一团糟，此时累得精疲力竭。

夜晚时，人们不约而同地来到大钟下，想看看为什么大钟会

---

* 本文作者艾丹娜。

突然停下来。只听从大钟内传来小夜莺动听的歌声，原来有小夜莺在大钟的肚子里安家了。大钟担心自己咚咚的报时声，吓到可爱的小鸟，所以总想走慢一些。今天窝里孵出了三只小夜莺，大钟于是停下时间静静地守护着这三个可爱的小生命。原来是这么回事啊。

最后，有位好心人爬上了大钟，把夜莺的窝搬到了离大钟不远的一棵大槐树上，这样大钟既能看护可爱的小鸟，又能为多多岛上的人们送去准确的时间，大钟觉得很快乐。当六点时，人们听到大钟又发出了响亮而动听的报时声。

让环节自然递进的技能

笔者在工作实践中发现,很多教师在设计教学活动时内容确定得很好,目标也很清晰,但活动过程总是磕磕绊绊不够顺畅,难以达成目标。这就是教学环节设计上的技巧问题了。因为儿童在学习过程中的认知发展不是一蹴而就的,它需要通过一定的步骤来完成。这就需要教师想好这一步自己要做什么,孩子们要做什么;接下来的一步自己又要做什么,孩子们又要做什么……这就形成了教学活动的一个个环节。这些环节是针对教学目标所做出的相互关联的一系列教与学的具体安排,它主要解决的是教师如何"教"、儿童如何"学"的问题,突出体现在何时引起幼儿的学习兴趣、何时引发幼儿的原有经验、何时为幼儿的学习提供有效的指导和帮助等。所以,让教学环节步步相扣、循序渐进,并让孩子们怀着极大的兴趣积极参与到学习过程中是教师必须具备的能力,因为它不仅便于教师掌握儿童学习的进程,还能帮助教师把握儿童的学习兴趣和态度。下面让我们通过一组案例来看看如何安排教学环节。

案例

小班美术活动：吹出来的画*

活动目标

(1) 学习用滴管蘸颜料在白纸上随意吹画。

(2) 能对画面进行想象并用简单的语句大胆介绍。

活动准备

纸若干，滴管若干，稀薄的彩色水粉颜料1～2盘。

活动过程

1. 环节一：导入

教师出示范例（吹画出的一棵枝繁叶茂的树），请幼儿欣赏。师："这是怎么画出来的？原来是老师吹出来的！很有趣吧？你们想学这样的方法吗？"

2. 环节二：示范

教师先介绍材料以及材料的使用方法（重点是滴管的使用方法），然后示范吹画的方法。

师："用滴管在你喜欢的画纸位置上滴一滴你喜欢的颜色，然后放回滴管，把嘴巴靠近纸面，用力吹气。"

3. 环节三：练习

请幼儿分组围坐，开始创作。教师帮助能力弱的幼儿完成颜料滴到纸上的过程，并通过富有童趣的语言进行吹画方法的指导，如"大风吹，小风吹；这儿吹吹，那儿吹吹……"等。

---

* 本案例由苗文红老师提供。

4. 环节四：交流

启发幼儿观察自己和同伴的画，说说吹出了什么，它们好像在干什么。

由上面的案例可见，教师是通过"启发导入—示范讲解—操作练习—小结点评"这样的环节模式来教会孩子们滴、吹、画的，整个流程一气呵成，非常顺畅。这种教学模式作为一种直接教学的方法在幼儿园很常见，故事讲述、手工制作、规则传递、动作示范等都需要教师直接讲授。比如，在舞蹈教学中，教师先示范表演一遍，然后请幼儿说说看到了什么动作，再分解呈现各个动作的要领，请幼儿逐个学习，最后把动作连成完整的舞蹈。

值得讨论的是，很多教师认为这样的环节设计是传统的知识传递，并没有体现儿童学习的自主性，不够引人入胜，认为这类活动的教学设计也应该改成让孩子们自己去探究。确实，在某些教师的教学中也许会出现过程高控、影响儿童创造性等情况，但这是由于教师对这几个环节的内涵理解不够深刻，或者说对现代的教学理念认识不够清晰造成的。讲授式的直接教学模式并不意味着灌输知识，相反，在这样的活动中也可以体现儿童的主体性，激发儿童的主动性、积极性、创造性。比如在上面的案例中，环节一设置目的是"设疑"，这种奇妙的绘画方式引发的是儿童的惊奇和儿童的原有认知冲突，这为儿童接下来的主动创造打下了基础；环节二解决的重点是"滴吹技巧"，教师示范的是操作要领和方法，这种"教"可以避免儿童盲目浪费时间和材料，是体现教师"主导"的过程，只要教师把重点落在工具、材料的使用方法上，而不是"教"孩子画什么内容上，是完全可以避免对儿童创造力的扼杀的;环节三是"儿童创作",这是真正体现儿童主动性和自主性的环节,儿童想画什么和在哪里画都是由自己决定的,可以进行个性化的表达。而此时也是儿童理解、消化刚才老师所教的绘画技巧的过程,也是儿童感受、体验、学习新知的过程,只要教师不横加干涉,孩子们完全能体验到自主创作的快乐。所以,虽然是比较传统的教学流程,依然能很好地体现对儿童认知发展的促进作用。下面我们来看一个不同类型的教学环节模式。

 案例

大班科学活动:电动玩具动起来

活动目标

(1) 在操作中感知电动玩具的共同特征——有电才会动。

(2) 在拆拆、装装、玩玩的过程中,掌握正确拆装电池的方法。

(3) 对电动玩具有好奇心,乐意参与探索活动。

活动准备

电动玩具若干(有的有电池,有的没有电池,有的电池装反了)。

活动过程

1. **环节一:唤醒**

(1) 玩一玩。

教师出示各种电动玩具说:"这里有这么多的玩具,你们以前玩过吗?我们来开一个玩具运动会吧。请你们各自选一个玩具玩一玩,让它动起来。"

(2) 想一想。

幼儿自由玩一会儿后发现很多玩具不会动,教师请幼儿猜测

原因。

2. 环节二：探索

(1) 看一看。

请幼儿打开玩具的"肚子"，看看里面有什么(有的有两节大小不同的电池，有的只有一节电池，还有的没有电池等)，并提出解决问题的方案。

(2) 试一试。

请幼儿根据自己的设想自主进行操作，尝试使玩具动起来。

3. 环节三：发现梳理

(1) 请成功的幼儿说说自己是怎么做的。

(2) 请没成功的幼儿把玩具拿到前面请大家一起研究解决。

(3) 指导幼儿探索电池的正确安装方法。(请幼儿拿出电池进行观察，发现电池有"嘴"有"尾"的特点。出示电池安装示意图，请幼儿尝试电池的安装方法，研究怎样排列电池可以使玩具动起来)

(4) 请幼儿小结使电动玩具动起来的正确方法。

4. 环节四：巩固

(1) 开展安装电池大比赛活动：请幼儿进行取电池、装电池的比赛。

(2) 组织幼儿开心地玩电动玩具。

从上面的案例中我们可以发现，这个教学活动的环节模式为"唤醒——探索——发现——巩固"。在这类教学活动设计中，教师通常都不使用示范讲解来教儿童一些知识、技能，而是让儿童自己在实践探索中去发现、理解知识，并在不断的试误中提升能力。这类环节模式通常用在探究式的教学活动中,是一种注重幼儿自主建构的教学方法,它强调的不是让幼儿靠听讲、记忆来进行学习,而是重视幼儿通过动手"做"来使外部的知识内化为自己的认知。这样的环节设计能更大程度地激发孩子学习的热情。教师们在把握这种教学流程的模式时不要把它局限在活动设计的技术层面,而要作为一种理念运用到所有的教学中去。也就是说,即使在讲解示范类的教学流程中也要给予儿童充分的自主学习空间,让儿童能用自己的方式去理解、吸收知识,而不是灌输和填鸭式的,这样才能更好地让教学的过程"引人入胜"。

由此来看,运用何种环节模式并不重要,重要的是如何让孩子的学习伴随教学环节的变化循序渐进,并由此获得成功的喜悦和满足。下面我们就来讨论环节安排中的递进问题。

 案例

小班社会活动:抱抱太阳*

活动目标

(1) 愿意将温暖传递给好朋友,感受和好朋友一起游戏的快乐。

(2) 能够适应冬天的天气,不怕冷。

活动准备

选择阳光灿烂的日子。

活动过程

1. 环节一:晒晒太阳

---

* 本案例由张莉华老师提供。

(1) 师生一起到户外，感受阳光。

师："冬天真冷啊，我们一起去户外晒太阳吧！"

(2) 请幼儿用身体与阳光亲密接触。

师："让我们的小脸，晒晒太阳；伸出我们的小手，晒晒太阳……"

(3) 师生交流阳光照在身上的感觉。

请幼儿描述："阳光照在我的头发上（脸上、耳朵上、手上……），真暖和。"

2. 环节二：感受温暖

(1) 教师和幼儿相互摸一摸、抱一抱，感受温暖。

师："摸摸你的脸，我把温暖传给你；摸摸你的耳朵，我把温暖传给你……"

(2) 请幼儿想办法，感受更多的温暖。

师："哪里还感觉冷呢？"

师："有的小朋友的手还是很冷，有没有办法让他感觉更温暖呢？"（大家都给他暖暖手；用力帮他搓搓手；一起玩游戏）

(3) 幼儿一起运动、游戏。

师："现在感觉暖和了吗？"

(4) 教师小结：虽然天气冷了，但是只要小朋友不怕冷，一起锻炼身体，就会觉得很温暖。

3. 环节三：传递温暖

(1) 师生交流把温暖传递给别人。

师："小朋友暖和了，老师暖和了，还有谁需要温暖呢？我们把温暖去传递给他们吧！"

(2) 组织幼儿到平行班送温暖，邀请其他班的幼儿一起到户外晒太阳、互相拥抱、进行体育活动。

从本案例中我们可以看到比较明显的环节递进：首先是通过晒太阳来让幼儿感受自身变温暖了；其次通过好朋友之间的互动来感受温暖的传递；最后是目的明确地去为更多的人传递温暖。在这个过程中，儿童的认知经历了从不知道什么是"温暖"到知道什么是温暖；从关注自身温暖扩大到了关注他人温暖；从关心班级同伴走向关心更多的同龄孩子。这个认知从模糊到清晰、从少到多、从内向外的发展过程就是环节递进的结果，也是教师在设计和组织教学活动中要充分考虑的因素。我们再通过一个案例来看看教师是如何通过环节的递进来促进儿童能力提升的。

 案例

大班体育活动：玩梯子

活动目标

(1) 尝试用不同的方式玩梯子，提高身体的平衡及协调能力。

(2) 乐于参与体育活动，能体会到运动的快乐和成功感。

活动准备

梯子、轮胎、桌子、垫子等若干，录音机，音乐。

活动过程

1. 准备活动

组织幼儿跟着音乐跑步及做手脚关节运动。

2. 自由练习

(1) 师："今天小朋友们要来学做'小小消防员'。你们看看场地上有什么？请你们用自己想到的方法自由练习。"

(2) 幼儿探索各种不同的练习方法,教师巡视指导,帮助和保护幼儿。

(3) 交流:你们是怎么练习的?

小结:你们真厉害,用了跑、跳、爬等很多方法进行了训练。

3. 快速抢险

(1) 师:"孩子们,火车站发生火灾,请你们快速去抢险!"教师示范手臂摆动脚尖踮起从平放的梯子间隔中通过。

(2) 请幼儿集体练习踮起脚尖通过平放在地面的梯子。

(3) 启发幼儿在大小不同的间隔中落脚,增加练习难度。

(4) 鼓励幼儿加快速度,提升练习难度。

4. 湖面救人

(1) 师:"现在我们前方出现了一个大湖,我们可不能掉到湖里去。"

(2) 请幼儿踩住梯子的横档一步步走过平放在地面的梯子。

(3) 鼓励能力强的幼儿两个间隔两个间隔走过梯子,提高难度。

5. 高楼救人

(1) 师:"现在我们前面的高楼着火啦,消防队员们会爬上高楼吗?"

(2) 教师把梯子的一头搭在一个轮胎上,请幼儿从梯子上走过。

(3) 逐步增加轮胎的高度,并把梯子的两头都升高。

(4) 把梯子靠在墙上,教师在一旁保护幼儿,请幼儿爬上梯子后从自己认为合适的高度跳下。

6. 放松游戏

（1）请幼儿跟着教师在几架梯子的中间缓慢走动，检查消防安全。

（2）请幼儿在软垫上做放松运动。

从上面的案例我们可以看到教师的环节设计可谓"步步精心"，很好地引领着儿童一步步发展动作能力。撇开第一个环节的准备活动，从第二个环节开始就是环环相扣的安排。首先，是孩子们自由地在梯子上活动，这是个预热的过程，也是让孩子们自主感受梯子特点的过程，这个环节为下面的活动打下了基础；之后教师让孩子们在平放的梯子上运动，练习双脚的协调能力；接下来教师让孩子们踩在梯子的横档上通过，由发展双脚的协调能力转向发展平衡能力，再之后呈现的是斜放的梯子、更高的梯子、竖直的梯子，不断加大了平衡的难度。在这样的环节带领下，儿童的游戏兴趣不断被激发出来，能力也不断地得到发展。

下面我们就来梳理一下环节设计的一些要领。

1. 明确各环节的目标

大多数教师在教学活动中往往只注意到活动的整体目标，没有意识到活动的整体目标需要靠一个个环节来逐步达成，而每个环节所肩负的任务就是对活动整体目标的分解。所以在进行教学环节设计的时候，教师必须非常明确每个环节的目标。比如在上面的案例中，活动的整体目标是"平衡与协调"，这个目标可以分解成两个小目标，首先是双脚的协调，其次是在一定高度上通过协调动作来保持平衡。所以教师从第二个环节开始，逐步从双脚交替前进的协调，到平的梯子、斜的梯子直至竖起来的梯子，用不同难度的平衡来产生递进，从而使儿童在不断的实战演练中学会保持平衡。

2. 紧跟儿童的认知发展

教学环节的变换意味着教学活动的不断深入，也意味着儿童发展的逐步递进。所以教学活动每个环节的设计都应该紧扣儿童在学习过程中的认知发展进程，这样才能使教学内容真正满足儿童的发展需要，促使儿童向更高层次的发展前进。

比如在"电动玩具动起来"的活动中，第一个环节让孩子们自由玩玩具是为了唤醒儿童的原有经验，因为大多数儿童玩过电动玩具，知道打开开关玩具会动，所以当他们打开开关玩具不动的时候就引发了他们的认知冲突，为活动的开展打开了大门。于是第二个环节的设置就必须顺应儿童此时的认知冲突，要让孩子们运用他们的原有经验去"假设——验证"，也就是说，此时很多孩子会对如何让电动玩具动起来有自己的想法，那么教师就给予机会让他们去操作探索，验证自己的想法，如果成功了，他们对"正确安装电池"的认知便清晰起来，而没有成功则会迫使他们重新思考，拿出新的方案来进行实验，认知便在这样的矛盾纠结中得以发展。第三个环节的设置则是从第二个环节的学习点延伸而来的，成功的孩子有很多感悟和体会要告诉大家，还有些困惑的孩子需要清晰地点拨，完全没搞懂的孩子则有一堆的问题需要解决，那么经验梳理环节便顺理成章地出现了。最后，当然是给予儿童更多的机会去再次尝试或者巩固经验了。

由此可以看出，环节的安排既要跟上儿童的学习发展需要，又要为儿童的发展提供支撑，就像楼梯的台阶一样支撑着孩子不断地向最近发展区前进。比如在上面"抱抱太阳"的案例中，教师在第一个环节让孩子们晒晒太阳，孩子们只是自己感受到了温暖；当教师请孩子们相互拥抱、搓手、一起运动时，孩子们则感受到友爱的力量了；当教师引导孩子们去为其他班级的小朋友送温暖的时候，孩子们学习的则是关爱了。这种认知的递进不是单纯地来自于儿童的自然发展，而是教师有意为之、牵引、推动而来的，体现了教师在环节设计中的主导力量。可以想象，得到关爱的孩子，在家中看到父母或者其他长辈表现出冷的样子时，一定会非常自然地伸出小手说："我给你捂捂……"所以说，环节的递进是目标达成的阶梯。

3. 及时对前一环节进行总结，对后一环节进行提示

有些教师也常常感到困惑，明明环节安排得挺合理的，但孩子们为什么总跟不上节奏呢？究其原因，这是因为教师只考虑到了环节，却没有重视环节之间的过渡。每一个新环节的出现总是伴随着学习内容的加深和学习要求的提高，这种递进往往还伴随着转折，所以需要教师及时对前面的环节进行总结提炼，并对下一环节进行恰当的提示。比如在"火眼金睛"的活动中，在第一个环节，教师在孩子们练习完投掷动作后说："现在小孙悟空已经学会打妖怪的方法了，我们要出发去打妖怪啦！"这句话就是对刚才环节的小结——暗示这些方法的价值，以及提示孩子们接下来要对准目标投了。虽然只有一句话，但是启承转合的作用很大。

教师还需要注意的是，对环节的提示要及时，这样可以让孩子们对下一环节将要出现的话题或问题有一个预测或心理准备，不仅能发展孩子们的思维能力，还可以使孩子们集中注意力，让他们屏气凝神期待着下一个环节的到来。如果提示落在孩子们的思维后面，非但不能顺利地实现环节间的过渡，反而还会干扰孩子们的认知进程。比如在很多语言活动中，教师经常需要用一幅幅的图片来展开内容，这一幅幅的图片就构成了一个个小环节的递进，而这些画面环节的发展常常出乎意料，吸引着孩子们的学习步步深入，这就更需要运用一些过渡环节来提示孩子。这些过渡的提示必须出现在这些画面变换之前，不然就达不到应有的效果。

比如在故事《克里克塔》中，当老奶奶看见小蛇吓了一大跳的时候，教师故意不马上出示下一幅画面，而是让儿童预测老奶奶会怎么对付这条蛇，这个环节就是一种过渡，给了儿童一个对下面的故事情节充分思考和想象的机会。在儿童讨论完要出示下一幅画面时，教师还使用了一句过渡语："你们想到了很多可能，那么老奶奶到底是怎么对待这条蛇的呢，我们一起来看看！"这就告诉了孩子们，讨论告一段落，要开始下一个环节了，同时也让孩子们带着对上一个环节的思考进入下一个环节，通过对比来反思自己刚才的想法，这样一来两个环节衔接得就非常紧密了。通过这样细致的过渡，环节的转换非常流畅，从而使儿童的思维活动也进行得非常自然。

4. 灵活地把握环节之间的跳跃性

环节的递进安排一般都是由教师对儿童学习进程的预测来决定的。教师们需要注意的是，这只是预测，如果孩子们的发展或者思维的进程超出了你的预设，就需要你灵活地把握各个环节，从儿童的思维出发，调整环节进程。

撞车了怎么办

在组织大班幼儿开展故事教学活动"大汽车"时,当讲到大狮子带着一车的小动物开车出门,不小心撞上大树后,按照俞老师的计划,应该先引导幼儿讨论是什么原因造成了此次事故,然后再请小朋友讨论把小鸟和蜜蜂的窝撞坏了应该怎么办。可是活动进行到这里时,孩子们的注意力却被图片中的蜜蜂和小鸟吸引了,俞老师刚问:"怎么会撞车呢?"牛牛就在一边大喊:"蜜蜂要咬人的,快跑!"其他孩子也都跟着起哄:"快逃!快逃!"俞老师见状马上调整环节的顺序,顺着孩子们的话发问:"出了事故难道就这么一走了之吗?"孩子们愣住了。红红灵机一动说:"要说对不起!"俞老师点头赞许:"对,首先要道歉。但是光嘴上说说对不起,小鸟和蜜蜂就会原谅了吗?有实际行动吗?"这下孩子们回过神来,七嘴八舌地说:"重新造一个窝!""把窝放回树上去!"于是,俞老师迅速把后面的图片提到前面,完成了对这一个话题的讨论。随后,她话锋一转,问:"事情圆满解决了,可是这个事故是怎么造成的呢?怎么会莫名其妙就撞车了呢?"这么一提醒,孩子们的注意力开始转到事故的原因上来了……

在这个案例中,俞老师的调整既灵活又恰当。因为这两个话题都是要孩子们讨论的,所以没有必要必须按照计划的步骤来进行。同时,当孩子的注意特别集中在某个话题上时,针对这个话题的讨论也更有效。所以,教师在预设教学环节的时候一定要预留出调整的空间,随时根据孩子们的反应灵活把握。

上面讲了很多关于环节设计的基本要求，其实还有更多的方式可以让环节的递进更趣味生动，让儿童更乐于参与。比如，在各环节中使用一些让儿童觉得好玩的方法，如猜谜、竞赛、游戏、角色扮演等；尽量设计一些能让儿童动手动脑的环节，如画一画、拼一拼、做一做等；为大年龄的儿童提供一些需要合作才能完成的活动环节，如小组讨论、合作制作等。这些策略的运用需要教师在平时的教学中多观察、多分析，从而积累灵活调整的经验。

下面我们来做一组练习。

【1】请看下面的两个案例，分析它们在环节设置上有何不同，并分析其优缺点。

大班节奏乐活动：去郊游

活动目标

（1）理解乐曲 ABA 的结构，并尝试用乐器演奏。

（2）感知音乐性质，体验音乐所带来的欢快、抒情的情绪。

活动准备

音乐、节奏图谱、乐器（杯子、勺子、糖果罐）。

活动过程

1. 跟随音乐，律动进场

师："小朋友们，秋天到了，让我们跟着音乐的节奏一起去郊游吧。"

2. 观察图谱，熟悉歌曲内容

师："你们看我们来到了哪里？你看见了什么？"（有小路、脚印、白云、太阳，还有山）

3. 结合节奏图谱，尝试用肢体语言表现音乐结构

(1) 完整欣赏歌曲，了解歌曲 ABA 的结构形式。

提问：这首歌曲一共有几段？有哪两段是一样的？第二段听上去有什么感觉？（优美、舒缓的）

(2) 教师用肢体动作示范 A 段节奏。

请幼儿跟着 A 段音乐做几遍动作。

(3) 尝试学习 B 段节奏，理解图示含义。

师："走过小路，我们看见了什么？（白云）白云旁边的 # 在图谱上是什么意思呢？我们可以用什么动作来代替？"

(4) 看教师指挥，随音乐徒手练习节奏。

4. 使用乐器演奏

(1) 幼儿用乐器分声部随乐练习。

(2) 幼儿看图谱，随乐一起演奏。

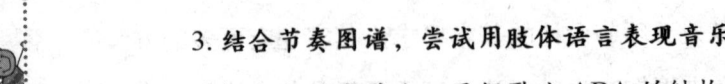

大班歌唱活动：郊游

活动目标

(1) 了解歌曲 ABA 结构，感受 A、B 段不同的情感。

(2) 理解歌词，唱出 A 段欢快的音乐、B 段优美的音乐。

(3) 能用肢体动作创造性地表现郊游的情境。

活动准备

音乐 CD，歌词图谱；小纱巾人手一块，小红旗一面；节奏型卡。

活动过程

1. 导入课题

(1) 全体幼儿系上小丝巾，一名幼儿拿着小红旗，其他幼儿做背小书包状,随着音乐《郊游》走进活动室。

(2) 师:"天气真好,让我们一起去郊游吧。"

2. 学唱歌曲

(1) 熟悉并掌握的歌曲中 × × ×× × 的节奏。

①师:"这是一首去郊游的歌,真好听,我们一起再来听一听吧。"

教师用食指、中指模拟小朋友,根据歌曲做相应的动作,幼儿边听音乐边进行模仿。(熟悉 × × ×× × 的节奏)

②出示节奏型卡,引导幼儿用多种形式表现 × × ×× × 的节奏。

(2) 了解歌曲 ABA 结构,感知歌曲 A、B 段不同的情感。

①出示图谱,教师根据图谱清唱一遍。

②提问:这首歌曲有几段?哪两段音乐是一样的?A 段的音乐听起来怎么样?B 段音乐听起来怎么样?

(3) 看图谱学唱歌曲。

①听录音歌曲一遍。

提问:小朋友们手拉手去郊游,看到了什么?(再次理解和掌握 B 段的歌词)

②播放 B 段音乐。

提问:白云是怎么样的?阳光又是怎么样的?青山绿水呢?(引导幼儿根据自己的理解用动作表现)

(4) 完整地演唱歌曲,幼儿自主表现乐曲。

3. 情境游戏

(1) 提问:你在春游、秋游的时候还看到了什么?(启发幼儿用小纱巾表现郊游时的各种事物)

(2) 幼儿分角色,用小纱巾表现自己在郊游过程中的情境,听音乐表现歌曲。

4. 活动结束

师:"小朋友们,太阳公公下山了,我们回家吧。"

【2】请分析下面的案例中每个小环节的目标是什么。

大班科学活动:吹泡泡

活动目标

(1) 能辨别吹泡泡的工具,发现镂空的物体可以吹出泡泡。

(2) 尝试自制吹泡泡的工具,感受成功的快乐。

活动准备

各种实心及镂空的工具若干;泡泡水若干;铁丝若干。

活动过程

1. 猜一猜

师:"你们吹过泡泡吗?是用什么来吹泡泡的?"

师:"老师带来了一些工具,请你们来找找,哪些可以用来吹泡泡?"教师出示各种工具,幼儿猜测,教师把幼儿的猜测记录在图表中。

2. 试一试

(1) 请幼儿去试一试各种工具,看看哪些可以吹出泡泡,和刚才的猜测是否一致。

(2) 集中交流:你刚才是用了什么工具吹泡泡的?成功了吗?你觉得什么样的工具可以吹出泡泡?(教师把结果记录到图表中)

(3) 请幼儿上来示范。

小结：有洞的物体都有可能吹出泡泡。

3. 比一比

（1）教师出示铁丝，请幼儿想象怎样才能做出一个能吹出泡泡来的工具。

（2）幼儿自主探索尝试。

（3）请幼儿比赛，看谁的工具能吹出泡泡，谁的工具泡泡吹得大。

【3】请设计一个中班幼儿认识沉浮现象的科学活动，推敲每个环节中的目标和递进关系。

搭建教学支架的技能

我们在前一章谈到教学环节要像一个个台阶那样支撑着儿童的认知逐步发展,那么这种支撑的力量是怎么产生的呢?这就涉及本章要说的搭建教学支架的话题。首先,我们来了解一下什么是"教学支架",请先看一个案例。

大班:"ABAB"模式规律的认识

环节一:教师出示幼儿园环境画面,请幼儿观察栏杆、座椅、地面瓷砖有什么特点,引导幼儿发现它们的颜色及摆放是有规律的,都是两个一组重复出现。

环节二:教师拿出日常生活用品如剪刀、胶水、铅笔、盒子等,请幼儿自己来摆放一个"ABAB"的规律模式。幼儿摆放完成后交流,可以这样描述:"我摆的是剪刀铅笔剪刀铅笔剪刀铅笔……"

环节三:教师撤去其他物品,只留下剪刀,请幼儿尝试用一样物品来摆放"ABAB"的规律模式。

……

从案例中我们可以发现，支架其实就是一系列的教学方法，它形象化地借用了建筑行业所使用的"脚手架"概念，指教师在引导儿童的智力从一个水平到另一个更高的水平时所使用的支持策略。它一方面可以是一种对知识进行解释的框架，用于促进儿童对所学内容的理解，比如在上面的案例中，教师运用生活场景中的"红绿红绿"的模式、孩子们自己操作的"剪刀胶水剪刀胶水"模式等就是对"ABAB"模式的不断解释，让幼儿从不同的角度深入理解该模式；另一方面也可以表现为分解复杂学习任务的步骤，以便于儿童的认知理解有梯度地走向深入，使得孩子能沿着"支架"逐步攀升，从而完成自我建构。比如在上面的案例中，教师通过生活场景、两件物品、单件物品等几种情况逐步提升儿童对"ABAB"模式的理解从具象走向抽象，使儿童对该模式的认知更为深刻。

要想搭建合理科学的教学支架，教师必须对维果斯基的"最近发展区"理论有深入的了解。维果斯基认为，儿童独立解决问题时的实际发展水平（第一个发展水平）和教师指导下解决问题时的潜在发展水平（第二个发展水平）之间的距离，就是"最近发展区"，教学不应消极地适应儿童已有的智力发展水平，而应当走在发展的前面，不停顿地把儿童的智力从一个水平引导到另一个新的更高的水平。所以，教师需要通过使用"脚手架"的支撑作用（或曰"支架作用"），不停地把学生的智力从一个水平提升到另一个新的更高水平，真正做到使教学走在发展的前面。下面我们通过"火眼金睛"的案例来分析这个活动中所使用的支架及其作用。

 **案例**

大班体育活动：火眼金睛*

活动目标

能看得清、投得准。

活动准备

软沙包、妖怪画像、各种废纸筐、长绳若干。

活动过程

表8.1

环 节	支 架	作用分析
环节一：小小孙悟空 (1) 请幼儿扮演孙悟空自由玩沙包，比比谁的沙包投得远。 (2) 请幼儿交流投远的经验和心得。 (3) 再次尝试体验用正确的动作让沙包投得更远。	支架1：自由投掷。	支架1主要的任务是激发儿童投掷的兴趣，并唤醒儿童投掷的原有经验。
环节二：快来打妖怪 (1) 请幼儿扮演孙悟空打妖怪（把沙包投向墙面上的妖怪），要求打得准。	支架2：墙面上的各种"妖怪"图片。	支架2是固定的投掷目标，为幼儿的投掷提供了方向要求。这些目标物有的大，有的小，有的贴得高，有的贴得低，满足了不同能力儿童的发展需要。
(2) 在妖怪前面一段距离拉上绳子，表示妖怪喷火了，不能靠近，要求幼儿远距离投准。	支架3：妖怪前面的绳子。	支架3为幼儿进一步提升投掷能力提出了距离要求，推动幼儿"投准"能力的进一步发展。

---

* 本案例由谢芳老师提供。

续表

环　节	支　架	作用分析
环节三：妖怪逃跑了 （1）把"妖怪"装入废纸筐背在各个小朋友身后，然后让幼儿互相追逐投准。 （2）反复游戏若干次。	支架4：移动靶。	此处的支架为移动目标，为幼儿投掷能力的提升提出了更高的要求，继续推动着幼儿投掷能力的发展。

从这个案例中我们可以看出，支架不在于多少，而是要能切实地对儿童的发展起到推动作用。在当前的幼儿园教学活动中，教师经常使用的支架有以下两种类型：

（一）情感态度支架

这是一种间接影响儿童认知过程的支架类型，称其为"支持"也未尝不可。因为它不是一种能直接拿来使用的具象事物，从某种意义上来说它更像是一种教学的理念，是一种以实现儿童自主建构为根本目的、强调师幼平等对话、激发儿童积极主动学习的一系列行为原则。它是教师实施有效教学活动的重要思想背景，也是教师恰当使用具体的物质教学支架的理论基础。其具体包括：

1."激励型"支架

学习的兴趣和积极性常常来自于信心。让儿童在学习的过程中保持信心，才能激发他们学习的兴趣。你可以试试这些小策略：

（1）使用鼓励性的语言。学习就是从不懂到懂、从不会到会的过程。孩子们在学习的过程中出现错误是正常的，但如何回应孩子的错误很重要。很多孩子会因为回答不准确而受到老师的批评或同伴的嘲笑，进而丧失学习兴趣。因此，教师要学会运用鼓励性的语言从正面回应儿童。比如当个别孩子的回答和别的孩子的回答重复时，不要说"刚才人家说过了"，而是要说："你还有不一样的回答吗？"当孩子回答得不完整时，教师要说："不错，如果……更好！"当孩子努力了以后还不够好时，教师要说："瞧，进步多啦！"

（2）给予具体的表扬。表扬，即公开的赞美。教学活动中的表扬不仅能帮助个别儿童发现自己所做的努力，还能对他人进行引导和启迪，让大家知道是非对错。所以表扬不要笼统，要说明表扬的具体原因，以便让其他儿童可以参照。比如表扬某个孩子的画画得好，教师要说明："他的画颜色特别丰富。"表扬某个孩子回答得好，教师要说明："她的回答很完整，说清楚了××在干什么。"

（3）对行为进行正强化。教师在和幼儿的互动中常常需要对幼儿的各种行为做出反应，而这种反应往往会成为一种强化物刺激着孩子进一步的行为。有的教师在教学过程中常常喜欢及时"纠正"孩子的错误行为，比如在操作中不停地点名："××，叫你先不要动这个的，你还动！""××，又在朝门外看了，那里有啥好看的！"结果，本来不乱动的孩子也蠢蠢欲动，本来专注看老师的孩子也朝门外看了。这就形成了"负强化"。所以教师要学会使用"正强化"手段，即任何时候都要找到儿童行为好的一面大力宣扬，使孩子们能够模仿正确的行为。比如看到有的孩子悄悄地想提早玩操作材料时，可以指着其他孩子说："××真棒，能管住自己的材料先听老师讲！"看到有的孩子注意力涣散，可以对看着自己的孩子说："哇，××的小眼睛真亮，老师看见她的眼睛了！"这样其他孩子也会把目光聚焦过来。

(4) 使用激将法。激将法就是利用人的自尊心和逆反心理积极的一面，以"刺激"的方式，激起对方不服输的情绪，将其兴趣和积极性激发出来。比如在孩子反复缠绕绳子不成功的时候，教师可以说："哦，这个绳子这么'狡猾'，居然让你手忙脚乱啦！你能战胜它吗？"或者当孩子在操作活动中途想要放弃的时候，教师可以说："呦，你这么厉害，已经完成两个啦，还能不能再想出第三个？"

(5) 给予儿童惊喜。突如其来的惊奇和惊喜最能激起儿童的兴趣。比如，教师出示一个"神秘的盒子"，让孩子猜测里面有什么，而当教师最后从里面拿出一只真的小兔时一定会让孩子们惊喜万分，而有关兔子的故事也一定会让孩子们听得特别认真；或者在活动开始之前设置悬念，让悬念随着教学逐步展开；也可以准备一些小奖品，让孩子们在学习的过程中不断地赢取它们。这些小花招都能很好地让孩子持续保持学习的劲头。

2. "互动型"支架

教师要想真正促进儿童向更高的层次水平发展，仅靠激励表扬还不够，还需要对儿童有更具体的帮助，这就需要通过教师和儿童的互动技术来实现。你可以试试这些手段：

(1) 用"问题"引导思维。问题是引发儿童产生疑问、继而去发现和解决疑问的线索，它是指向学习目标的路牌，直接影响着儿童思维的方向。聪明的教师会利用恰当的"问题"来指导儿童的思维向目标进发。

①用指向性问题支架帮助记忆。这是引发幼儿回忆、诱发幼儿前经验的一种支架。比如，教师讲完故事后问："刚才故事中都有谁？他们在干什么？"、"刚才故事中的小兔子是用什么方法和

大兔子比赛谁更爱谁的?"又如,教师在开展纸工活动时问:"上次我们折过一种小花,你们还记得吗?最难的是哪个地方?"这类支架指向明确,一般都是封闭式的问题,是针对固有的知识或幼儿已经具有的经验和能力。它的作用是引起幼儿回忆,提示幼儿保持注意,提升幼儿对学习信息吸收和反馈的能力。不过,教学的目标重在指向"活"的知识,即幼儿还没有的经验或能力,所以教师还需要充分使用开放性支架推动儿童学习的进程。

②用开放性问题支架促进幼儿理解。开放性问题支架有一个共同的特点,即它们不具有现成的答案,而是要求幼儿必须在理解的基础上独立思考、寻找合理的解释,是对幼儿进行更高级思维活动的支持。比如在针对故事《金色的房子》开展的教学活动中,当教师讲到小姑娘一个人在家很孤独时问孩子们:"为什么小动物们都不和小姑娘玩了呢?"幼儿必须根据自己对故事前半段的理解来回答,比如"小动物怕又把小姑娘家弄脏,所以不来了",或"小动物们生气了"等。又如在针对图画书《大卫,不可以》开展的教学活动的最后,教师问幼儿:"你喜欢大卫吗?为什么?"幼儿需要根据自己的思考进行回答,比如"喜欢,因为他改正错误了"、"不喜欢,他太调皮了"。

运用问题支架的难点在于教师要合理地安排支架的递进性,即在第一个问题后提出更多的补充性问题以帮助幼儿进一步阐述自己的观点,从而修正、补充不正确、不完善的答案,促进他们进一步思考。比如在分析故事时,当孩子回答"我喜欢小猪"时,教师可以追问:"你为什么喜欢小猪?";当孩子表示"我不喜欢大卫,大卫很调皮"时,教师可以追问:"你从哪里看出大卫很调皮的?";在讨论实验过程时,当孩子说到要"按顺序放材料"时,教师可以追问:"你刚才先做了什么,又做了什么,最后怎么做的?"这样才能通过支架让幼儿保持学习的积极性,提升幼儿对学习信息吸收和反馈的能力,同时更能利用支架引导幼儿继续思考、争论、迁移和联想等,从而帮助幼儿向"最近发展区"发展。

(2)用"反馈"调节行为。反馈支架不是指教师简单的回答或者评价,它是指教师对幼儿活动情况的重要指导和帮助。此类支架需要教师巧妙地接住孩子抛过来的"球",再用智慧把"球"抛回去,激励幼儿建立自信并引发幼儿更深入的探究或互动。

①用反馈支架指出问题所在。在幼儿的思考或行为出现错误的时候,教师可以通过反馈支架使幼儿明晰问题的症结,调节行为,有力地推动儿童发展。比如在节奏乐活动中,部分小朋友的铃鼓敲得太响,影响整体合奏效果,教师回应道:"敲铃鼓的小朋友再轻一些,让我们能听到其他乐器的声音就更好了!"这样就能提升幼儿与同伴的协作能力。

②用反馈支架梳理儿童的思路。思维,是对事物的理性思考。反馈支架应该及时帮助幼儿对刚才的思考内容进行澄清及梳理。比如在讨论中,孩子们为究竟是观光车还是游览车争议时,教师回应说:"观光就是游览的意思!你们想到一块儿去了。"这种反馈简单明了地帮助幼儿梳理出共识。又如,当幼儿的回答七零八散,或者讲到一半讲不下去的时候,教师反馈道:"你说的是……这个意思吗?"这是在帮助幼儿进行思维的整理。

③用反馈支架提升儿童的经验。当幼儿的经验比较零散时,也需要教师通过反馈进行总结提升。比如在讨论草丛中有什么的时候,有的孩子说是蛇,有的孩子说是虫子,教师回应说:"对,

你们找到了许多有生命的东西！"这个反馈通过找到事物共同的特点"生命"，帮助幼儿把刚才列举的事物进行了概括总结。又如教师问幼儿："你用了几条一寸虫？"幼儿说："三条！"教师回应道："三条表示有几寸？"幼儿说："三寸"。这是通过反馈支架让幼儿提升了对数学概念"三个1合起来是3"的认识。

④用反馈支架向儿童提出建议。当孩子们沉浸在原有水平上反复的时候，教师就需要通过反馈来让孩子找到发展点。比如当几个大班孩子向教师炫耀所画的城堡时，教师回应说："是不错，但我想进去。"教师的反馈让孩子们把思考重点转向房屋内部的设计，并为房子开起门窗，于是在作品中体现了房屋的空间。这里，教师所反馈的"进去"是一个极其重要的支架，它为提升孩子们的建造水平提供了思路。同样，当教师说"有没有更方便的办法"或"能不能做得再高一点"的时候，也是通过反馈为孩子们设立了更高的发展目标，以便促进孩子的发展。

在使用反馈性支架的时候，教师需要注意的是自己提出的只是"建议"，不是"命令"，更不是"否定"，是提出自己的见解或意见，孩子们可以采纳也可以不采纳，这样才能更好地让儿童自主发展。

（3）用"示范"解释难点。在强调让儿童自主学习的今天，"示范"这个概念被很多教师回避，大家觉得应该放手让孩子自己去尝试、探究，不应该示范。其实作为教学的过程，"示范"是一种让儿童通过观察他人行为进行间接学习的方法，是教师支持引导孩子学习的一种基本策略。很多专家强调希望教师不要示范，并不是让教师简单地不作为，而是要教师摈弃那种束缚儿童思维、扼杀儿童创造力的"示范"，让"示范"的策略科学合理。

①用示范解释任务。比如教师在教孩子演唱二声部的时候，和配班老师一起合唱一次，就是一个很好的示范，这个过程让孩子们明白二声部合唱是什么意思，也能欣赏到二声部合唱的美妙，从而激发学习的欲望；又如在科学活动"好玩的磁铁"中，教师在开始部分示范磁铁把回形针吸住，也让孩子们明白接下来实验的重点目标是什么。

②用示范凸显重、难点。比如，当孩子首次使用毛笔等水性作画工具时，最容易出现的问题是颜料水分控制不住，容易滴落到纸上，那么教师在介绍工具的时候可以示范如何在盆子边缘"舔笔"。又如当孩子们在尝试从各种大小不同的圈中钻过时，如果经常被矮小的圈卡住，那么教师可以请一些成功的孩子示范，让儿童发现别人的窍门；再如在打击乐中，如果孩子无法掌握休止符，教师也可以拿起乐器演示"哒！空、空、空"，让儿童明白哪里该敲击、哪里该停顿；在引导儿童进行儿歌仿编时，教师首先仿编一句也是用了示范支架，它让儿童明白句式中哪些需要保留，哪些需要替换。

在使用技术型支架时，教师需要重视支架与儿童学习的"距离"。近距离的支架是教师对问题进行详细的描述，并通过展示实物或动作来帮助儿童理解，比如上面所说的舔笔和节奏敲击；远距离的支架则是教师通过支架来鼓励儿童用自己的方法提出问题、开展活动并进行验证，它是儿童持续自主学习的支撑。教师需要注意的是千万不能过度使用支架，从而剥夺儿童独立思考及试误的机会。

（二）物质方法支架

下面所说的支架都是由一些具体的实物所组成的，本文从其功能和使用者来划分成引导型和操作型两大类。引导型的支架一般由教师设计并使用，通常对儿童的学习起到解释、说明、指导等作用。操作型支架一般由儿童自主使用，一般用来让儿童体验、感知、探究、复习巩固等。

1. 引导型支架

引导型支架的设计重在引导，是教师提出问题、解释难点、提点儿童的重要手段。在本文中，教学内容不作为支架出现，比如语言活动中的故事本身，音乐活动中需要学习的歌曲或乐曲等。对这些内容起到解释说明、突出难点重点、对儿童具有指导意义的事物才被作为支架进行阐述。

（1）画面类支架。图片是教师在教学活动中最常使用的材料，它可以直观地呈现内容，使儿童容易理解。在本书中，录像、课件等能活动的画面也被归在此类中。

案例 1

在一次画树林的美术活动中，教师首先介绍了最近发生的汶川大地震，然后出示了一张泥石流的图片（图8.1），当孩子们为画面上的惨状伤心不止时，教师适时地请小朋友用画笔为汶川增添绿色。于是，在接下来的绘画过程中孩子们非常专注和投入，作品十分灵动。

图 8.1

这张图片并不是要作画的内容,而是教师用来激发儿童创作的动力,所以它是一个有用的情感型支架。

 **案例 2**

在一次幼小衔接的教学活动中,当老师和孩子们讨论到"第二节课刚开始,强强因某事被老师批评"的情节时,孩子们猜测了种种可能。之后,教师出示了两张小图片,一张是厕所的标识,另一张是一叠书,引导孩子们发现强强被批评的原因。经过讨论,孩子们明白了上小学后课间十分钟要及时上厕所和准备好学习用品这两个重点问题。

这两张小图片在这个讨论环节中也是很好的支架,它是原来的内容中没有的,是教师精心设计添画进去以帮助孩子们聚焦讨论点的问题型支架。

在某些语言活动中,教师也用图片对画面进行遮挡,这也是一种支架方式,可以使原有画面的出示更有层次性,让儿童的思维有逐步递进的过程。总体来说,画面类的支架可以起到以下作用：

①激趣或引题。通常情况下这样的画面出现在活动开始部分，用来点明活动的主题及引发儿童学习的兴趣。比如在音乐活动的开始部分，教师先出示一幅与本次教学内容有关的民间舞蹈的图片或者播放一段民间舞蹈录像片段来启发孩子，都具有激趣和引题的功能。

②解释说明。图片的特点就是画面直观明了，所以教师经常会用图片来配合自己的讲解说明。比如在开展"大中国"的主题活动中，在和孩子们谈论到各民族这一话题时，教师可以出示各民族典型人物形象的图片，让儿童理解各民族的服饰特征；在开展"红红的年"的主题活动时，教师也可以出示一些各地人们过新年的民俗场景画面，用来辅助讲解人们是怎么过年的。

③聚焦问题。在教学活动层层深入的过程中，有时候教师会用画面来引出下面要讨论的话题。比如在幼儿探究了磁铁的特性后，教师出示一幅老奶奶不小心把针掉进米堆里的图片，呈现问题场景。又如在音乐活动"毛毛虫和蝴蝶"中，教师出示一张毛毛虫泪眼汪汪的图片来引起孩子们的好奇，营造歌曲的意境。

④梳理总结。当问题讨论结束后，一般情况下教师为了让孩子们对整体思路有更清晰的认识，也会用画面来进行总结。比如在带领孩子们猜谜语的时候，当孩子们猜出花生的谜底后，教师也会用一张内容丰富的花生图片（图8.2）来总结梳理什么是麻房子、什么是红被子、哪个是白胖子，从中帮助幼儿寻找猜谜的窍门。又如在参观小学后的谈话活动中，教师在最后通常也会出示小学的全景图片或照片，总结梳理孩子们刚才所讲到的各种见闻。

图 8.2

（2）示意类支架。示意图是表现意思或意图的图画，和画面类图片很不一样。示意图的重点是示意，它需要描述出事物的形状、大小、之间的关系、结构或过程等。

 案例 1

图 8.3 是《狮王进行曲》的图谱。这些直线、弧线、爪子印都不是一般的画面，而是符号，它们代表的是一个个不同的乐句，每个符号里面都蕴含了节奏、速度、音的高低等示意的元素，使儿童在学习的过程中能用直观的视觉来辅助理解抽象的音乐。

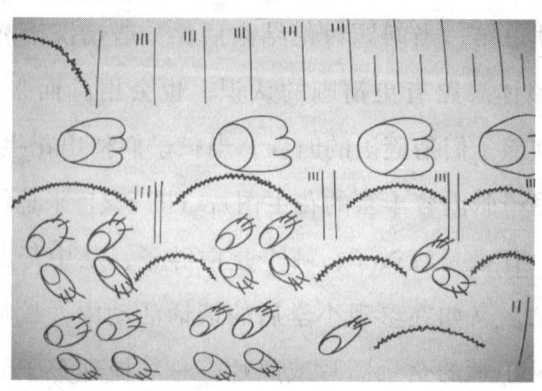

图 8.3

案例 2

图 8.4 是教师在开展数学活动"模式排序"中出示的图片，它们也不是单纯的画面，而是图示，表现了事物根据一定的特征重复出现的规律模式，为孩子们理解模式规律提供了直观的支架。

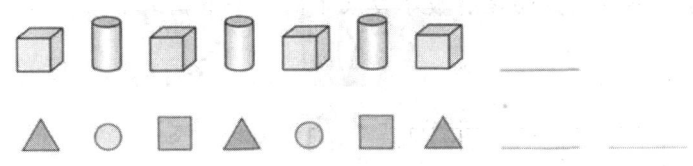

图 8.4

案例 3

图 8.5 是教师在开展美工活动中常用的示意图，它是对操作的方法和过程进行的解释和说明。

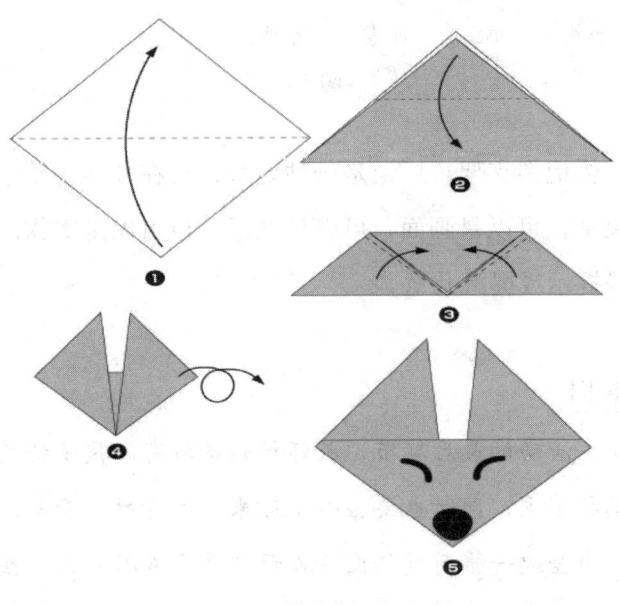

图 8.5

图 8.6 是教师在开展数学活动"比较多少"中使用的一张统计表，它用柱状图抽象地表示出动物的不同数量，让孩子们尝试摆脱具体事物来更清晰地感知"量"的多与少，是引导孩子们的数概念从实物点数向理解数字发展中的一个有用的支架。

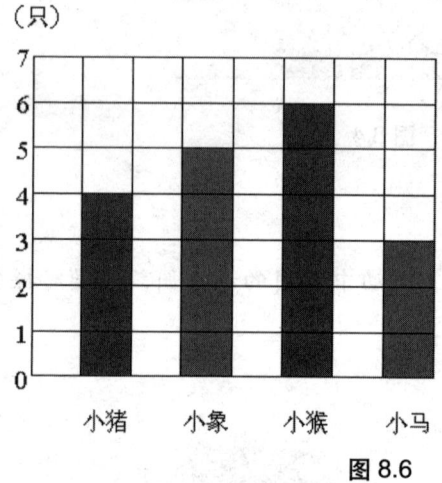

图 8.6

（3）标记类支架。标记是一种记号，它在教学活动中呈现的形式更灵活，可以是画面，可以是图示，也可以是实物。它起到的作用是提示或提醒儿童。

在体育活动的最后环节，教师计划请所有的孩子扮演小青蛙去帮妈妈捉害虫，同时也要当心小蛇来吃小青蛙。于是，教师在场地的一角竖起一张荷叶的图片表示这是小青蛙的家，在另一角撒了很多小花片表示害虫；在场地的边缘，教师还放置了一张小

椅子，让扮演小蛇的孩子躲在了后面。

在这个案例中，荷叶图片、实物小花片和小椅子都是一种标记，为孩子们指明了运动的方向。在儿童剧表演中，教师也会在场地上画一些点、线，这些也都是标记类支架，用来帮助儿童更好地把握场地空间。在舞蹈教学中，教师有时会事先在幼儿的左侧或右侧手腕上套一个有颜色的腕花，以提示儿童向套手腕花的方向转身，或两人用戴手腕花的手交叉握住。

2. **操作型支架**

操作型的支架，是指教师为儿童提供的操作材料中能推动儿童学习梯度、体现儿童学习进程的支持性元素。

（1）蕴含梯度的支架。这类支架为不同能力的儿童提供了不同层次水平的操作机会。比如我们在前面提到的大班体育活动"火眼金睛"中，静止的"妖怪"——地上摆放的绳子——活动的"妖怪"，就是具有梯度的支架。

案例

在引导儿童理解5的数量时，教师先请孩子们点数蚕豆、花生等，然后再点数卡片上的点，最后设计了包糖果的游戏，请幼儿数好5颗糖果放入小盒子中并在外面贴上数字5。

在这个案例中，5颗蚕豆或花生—5个点—5颗糖果—数字5就是一组有梯度的支架，引导儿童对数量的认识理解从具象走向抽象。

（2）蕴含提示的支架。这类支架是指在为儿童提供的操作材料中有对操作要点或活动方法的引导。

 案例 1

在中班幼儿感知 5 以内的数量的活动中，教师设计了操作游戏"种花生"。在一个 9×9 的棋盘格上，幼儿通过投骰子来摆放相应数量的花生。当幼儿在一个格子中凑齐 4 颗花生时，他就可以拿一种颜色的圈圈把花生圈起来表示此地已经种植成功。

在这个操作活动中，那个有颜色的圈圈是一个很好的提示支架，在游戏结束后，儿童可以根据点数不同颜色的圈圈来判断谁种的"花生"多，从而分出胜负，提高玩游戏的兴趣。

 **案例 2**

在大班幼儿开展的关于平衡的科学活动中，教师为孩子们设计了一组包括圆形、三角形、长方形的硬卡片，请孩子们用一支铅笔把这些卡片顶起来保持平衡。同时，教师在这些卡片上的不同位置做了不同颜色的标记，在幼儿操作时让幼儿去发现顶在哪些颜色的区域是不能平衡的，顶在哪些地方是可以成功的。

在这个案例中，教师在儿童操作卡片上做的标记是一种提示，能帮助儿童注意支点与重心之间的关系问题。

 **案例 3**

在欣赏乐曲《单簧管波尔卡》时，教师根据不同的乐句设计了几组不同颜色的花，然后请幼儿选出自己最喜欢的乐句并找到

相应颜色的花朵；再次欣赏乐曲的时候，教师要求孩子们在这个乐曲出现时把自己变成花，根据音乐进行创意表演。

在这个案例中，代表不同乐句的花就是一个提示，使孩子们不仅很快发现了曲子的结构，还能用动作创造性地表现对这个乐句的感受。

操作型支架的要点是要让具体可操作的材料蕴含学习目标，让其具有探索性，能对学习内容做出解释，使儿童在对材料的操作中完成体验、理解。

通过上面的介绍，教师对教学支架应该有了粗浅的了解。下面我们通过一些练习来加深对教学支架及其运用的理解。

【1】请分析下面两个活动片段中的支架使用情况。

片段 1

图 8.7 中，教师正在带领小班孩子开展体育活动"拖拉机"。教师把软垫穿上绳子做成"拖拉机"，请小班孩子去运"水果"。请分析教师所提供材料的支架情况，并思考如果由你来设计这个活动，你会如何丰富其操作型支架的层次？

图 8.7

片段 2

图 8.8、图 8.9 是两位教师分别制作的音乐图谱。请比较这两张图谱的特点，分析其支架的作用分别是什么？它们比较适用于哪一类音乐教学活动，主要帮助儿童解决学习中的什么难点？

图 8.8

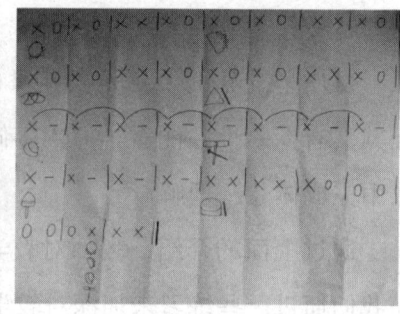

图 8.9

【2】请为下面的儿歌设计一套图片教具，为中班幼儿开展活动所用，并阐述其支架的作用。

老鼠娶亲

八只老鼠抬花轿呀抬花轿，

四只老鼠来吹号呀来吹号，

两只老鼠放鞭炮呀放鞭炮，

噼里啪啦、噼里啪啦、嘣叭。

老猫听了来贺喜，"恭喜！恭喜！"

一口一个全吃掉呀全吃掉。

【3】请根据下面这个数学活动的进程为儿童设计一组操作材料，并阐述这些材料的支架作用及其递进关系。

中班数学活动：比较高矮

活动目标

(1) 能区分高矮。

(2) 掌握区别高矮的简单方法。

(3) 初步理解高矮的相对性。

活动过程

1. 学习理解高矮

(1) 比较两个物体的高矮。

师："请小朋友找小伙伴轮流比一比，说出谁高、谁矮，你和谁一样高？"

(2) 比较三个物体的高矮。

师："请看看这些物体，比较一下它们谁高、谁矮？谁最高，谁最矮？"

（请在此处设计一组事物——可以是实物或图片，能帮助幼儿进一步感知和理解高矮）

2. 学习比较的方法

出示错误的比较方法，帮助幼儿知道正确的比较方法。

师："它们谁高、谁矮？为什么这样比较是不对的？应该怎么比较才对呢？"

（请在此处设计一组事物，能帮助幼儿发现错误，并思考正确的比较方法）

3. 玩游戏巩固对高矮的理解

玩音乐游戏"找朋友"：教师播放一首欢快的儿童舞曲，幼儿按节拍拍手，找到朋友后握手、鞠躬、比高矮。待幼儿均找到

朋友后，停止音乐，引导幼儿说出两人比较的结果。游戏反复进行，幼儿不断交换自己找到的朋友。

4. 活动结束

活动评价，表扬积极参与比较、认真观察的幼儿。

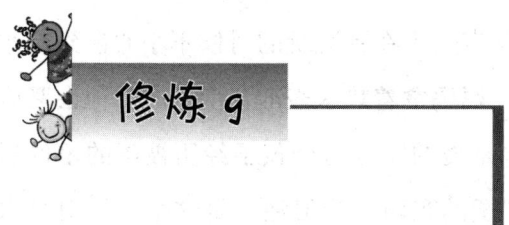

巧妙了解儿童经验的技能

在幼儿园的课程中,教学活动是教师有目的、有计划、有准备地促进儿童发展的一种教育形式,其最大的价值就是有针对性,能走在儿童发展的前面,引导儿童发展的效率高。而这个效率达成的基础是教师必须能准确地发现儿童的原有经验水平,并找准其成长的最近发展区,唤起儿童的学习兴趣;不然,则会出现教育目标定位不清、教育的核心价值难以体现、活动与儿童的年龄特征不符、与儿童实际发展水平对接不准、学习过程被动无效、导致儿童丧失学习兴趣等状况。这也就是为什么中国的集体教学活动每每被诟病的原因。所以本章我们来谈谈教师该如何去发现和了解儿童的原有经验并找到他们的最近发展需要。

经验,是指人们在同客观事物直接接触的过程中通过感觉器官获得的关于客观事物的现象和关系的感性认识,一般包括知识和技巧两个方面。经验是在实践活动中产生的,是一个人对事物认识的开端，它来源于感官知觉，同时也是个体对体验过程的反思总结。比如一个孩子有一天在厨房玩的时候不小心碰到热水壶被烫了一下，第二天，妈妈拿着热水壶准备泡茶时，他会紧张地跑到一边避开。"开水是烫的"是这个孩子经历被烫的事件后获得的知识性的经验，"烫的东西让我很痛"是这个孩子对热水壶产生的感觉上的体验，"躲避"则是这个孩子通过体验并反思得来的技巧性经验了。经验可以传授，但那样得到的经验只是一个结果，缺少深刻体会。靠个体自己摸索、学习获取的经验对个体的成长发展才更有价值，因为这个探索体验的过程也是一笔财富。

一、了解儿童的原有经验

最近发展区理论认为，原有经验代表的是儿童学习的起点，是他们已有的学习水平，教师只有认识和抓住这个基本的发展水平，才有可能提供促进他们向更高层次发展的学习内容和材料，从而促进儿童向更高的经验水平发展。那么，怎么去发现儿童的经验在哪个水平上呢？你可以试试下面这些方法：

（一）观察—揣摩法

观察是发现的基础，学会观察很重要。很多教师说："我每天和孩子们在一起都在观察他们呀，可我怎么就没有看到你所说的'经验'呢？"因为观察是有技巧的，观察什么、怎样观察都有方法。随意地看不能发现问题，有意识地看才叫观察。同时，对观察到的儿童发展情况进行揣摩解读更重要，因为这是观察的目的。所以，教师必须首先搞清楚观察什么，再搞清楚观察到的是什么，才能思考自己可以再做些什么。

1. 观察儿童的表情

表情是指人的面部情态，是人内心状态的一种反应。儿童是不会伪装自己的表情的，所以通过对儿童表情的观察，你能体察到儿童的认知经验发展情况。下面列举一些值得你观察的表情。

（1）自信。如果谈论或接触到某事物的时候，儿童的表情是自信的，那么说明他了解这个事物，已经对此有一定的经验了，能用自己的方式去理解新的事物。

（2）迟疑/茫然。如果儿童在听到或接触到某事物时表现出疑惑、反应缓慢的样子，则说明这个认知内容对于他来说是陌生的，需要给他时间去感知理解。如果在学习过程中，这种疑惑或迟钝始终存在，那么教师就需要思考内容的适宜性或呈现方式的科学性了。

（3）惊奇/怀疑。如果儿童表现出这种表情，则说明儿童对这个内容是有经验的，但又和他以前的经验有冲突，那么利用儿童以前的经验并由此链接起新经验是教师要做的。

（4）冷漠/麻木。如果儿童在学习过程中出现这样的表情，说明学习内容要么过高于儿童的已有经验，要么过低于儿童的原有经验，完全激发不起儿童的学习积极性。

（5）兴奋/高兴。如果儿童在学习过程中表情愉快，那么说明学习的内容契合他原有的经验，能给他带来满足感和成功感。

（6）专注/认真。这种表情表明儿童非常投入活动，正在认真地思考。说明学习的内容正处于儿童原有经验之上，是儿童愿意去尝试并可能获得成功的，也就是说他正在向"最近发展区"靠近。

下面就请做一组练习吧。

【1】抓拍几个正在学习某个舞蹈动作的孩子，观察分析他们的表情，试想分别能用哪个词来描述他们的状态？根据不同的表情，分析该舞蹈更接近哪个孩子动作发展的现有水平？

【2】选择一个有挑战性的户外活动内容，观察不同孩子的运动情况，仔细分析他们的表情、动作，并以此为他们的发展水平排序。

【3】选择一个科学探究活动，捕捉表情兴奋的孩子和沉默冷静的孩子，了解他们正在干什么，分析是什么导致了这样的情绪。

2. 倾听儿童的语言

语言是表达思想的一种符号系统，是思维的外壳。排除儿童表达能力高低的干扰，教师通过倾听儿童的表述能了解儿童的经验。下面请注意儿童的这些语言情况：

（1）表达准确，语速流畅。儿童对所接触到的内容能清晰地描述或表达，说明他们对此有比较充分的经验，那么教师就可以把这个水平作为教育的起始点。

案例

春天来了

王老师到某班去试教一首《春姑娘》的歌曲。她首先问孩子们："春天是什么样的？"孩子们纷纷举手回答："春天燕子都飞来了！""春天桃花、樱花开了！""春天天气很暖和！""春天农民伯伯要种粮食了！"接下来的教学活动开展得非常顺利，孩子们的演唱非常有感情，他们也能理解歌词的意思。事后王老师询问该班的教师了解到,原来班里的老师刚跟孩子们谈论过春天这个话题。

(2)无法表达或词不达意。如果儿童不能清楚地描述或解释某事物,或者理解完全错误,那么这个内容是儿童还没有掌握的,这可能是教学的契机。不过,教师也要注意分清这个内容是否远离儿童的原有经验。

 案例

在中班手工活动"剪窗花"中,教师示范了几种窗花的剪法,然后请孩子们去尝试操作。结果第一次尝试后,大部分的孩子都把窗花剪断了。教师皱着眉头拿起断了的窗花问孩子们:"怎么会断了呢?你们知道是哪里出问题了吗?"孩子们茫然地看着老师,过了一会儿,丁丁说了句:"剪得太用力了!"教师没好气地看了他一眼,转向没有剪断的红红问:"老师刚才说过哪个地方是不能剪的?"可是红红也是一脸茫然。

很显然,孩子们根本没有搞清楚窗花的基本剪法,尤其是没有分清楚对折后开口的一面和连起来的那面。所以当教师问孩子们剪断的原因时,他们无法回答。不过这样,教师也就发现孩子们的问题在哪里了,知道下一步该着重讲解什么了。

(3)能说到一些相关的内容,但不准确。在很多时候,当教师提起某事物时,儿童能积极地参与讨论,但是他们的表达不是很准确,或只是涉及一些相关的内容,那么说明儿童对这个内容已有了一定的经验但还不够完善,正是需要进一步学习的。

 案例

春天还是冬天

李老师打算开展《春姑娘》的歌唱教学活动,她问孩子们:"现在是什么季节呀?"孩子们愣住了。一个孩子说:"秋天!"李老师惊讶地反问:"是秋天吗?"另一个孩子立刻说:"春天!"李老师刚要高兴地表扬这个孩子,第三个孩子说:"冬天!"第四个孩子说:"夏天!"正当李老师哭笑不得时,孩子们自己争论起来:"秋天树叶要落下来的,现在又没有树叶掉下来!""现在也没有下雪呀,怎么会是冬天呢?"

这是教学活动中经常出现的场景:孩子们积累了一些关于某事物的经验,但是这些经验还非常零散。在这个案例中首先要肯定的是孩子们对季节已经有些感知了,起码知道有春夏秋冬四个季节及不同季节的典型特点。他们只是还不清楚四季的顺序,而且也没有对目前的季节及特征关注过。所以,教师可以从孩子们的语言中了解到他们的现有经验,然后考虑是现在开展歌唱教学活动,还是应该带领孩子们走出门去观察天气、动植物的变化和人们的活动,等孩子们对春天有更深一步的认识后再学习这首歌曲。

3. 观察儿童的行为

行为是心理活动的直接外在表现,因此教师要时刻注意观察儿童的行为,探寻儿童行为的心理依据,了解行为的来龙去脉,从而判断儿童的现有经验。

(1)热衷的行为。皮亚杰的认知发展理论认为,儿童是通过对客体的操作来积极建构新知识的,所以当孩子对某一认知内容还没有熟练的时候,总是喜欢反复操练。因此教师必须理解和包容儿童的种种热衷行为,因为这正是儿童学习的兴趣点,是他们在向"最近发展区"前行。

案 例

吹 泡 泡

张老师设计了一个"吹泡泡"的中班科学探究活动,她收集了各种各样的材料制成很多吹泡泡工具,希望孩子们在尝试各种工具后能发现,不管是什么形状的工具吹出的泡泡都是圆的。活动激起了孩子们很大的兴趣。但是让张老师困惑的是,孩子们的注意力都在反复吹泡泡上,他们吹出一串泡泡后便开心地又跳又笑,然后继续吹,对老师要求去观察泡泡、观察不同的工具却一点兴趣也没有。

这也是在教学活动中经常发生的情况——儿童的行为超出教师的预设,他们热衷的行为往往不是教师教学目标指向的行为。虽然令人郁闷,但也给教师提供了非常好的了解儿童经验的机会,因为儿童热衷的行为一定是指向儿童经验发展点的。从上面的案例中我们可以发现,儿童热衷的是吹泡泡活动本身,可见吹泡泡活动本身并不是这个班的儿童经常有机会进行的,所以对"用不同的工具吹出泡泡"这个经验还不熟练,他们才会在这个经验点上反复练习,并享受成功的喜悦。"用不同的工具吹出的泡泡都是圆的"是更高层次上的经验,此时的儿童没有兴趣去思考就非常正常了。教师此时应该做的就是等待,等待儿童满足了吹泡泡的动作后，再引导他们向更高层次的目标思考。

(2) 错误的行为。在儿童学习的过程中，出现错误行为并不是坏事，而这正为教师提供了儿童学习过程中的认知经验发展点。要知道，如果孩子都做对了，那还需要学吗？捕捉儿童的错误行为，发现它们的意义和价值，从中找出儿童最近的发展区域是教师在教学中要注意的。

比如，在第一章中我们就谈到过一个玩磁铁的小姑娘甜甜，她用长条磁铁的侧面去吸附所有的材料，结果纸片、布片飘落下来，回形针也没有吸住掉了下来。教师们通常发现这个情况后都会觉得甜甜是没有看清教师的示范，磁铁使用方法不当，于是马上想纠正这个错误。其实这类错误并非坏事，因为幼儿按照教师的示范"正确"地操作时，只不过在模仿验证"磁铁能吸住铁的东西"这个结论；而甜甜这样的操作则是她全方位地探究磁铁、感受磁铁吸力的过程，如果给她充足的时间和机会去发现，她就能得到更多的关于磁铁和吸力的经验。

(3) 奇怪的行为。有时候，儿童在学习中常常出现调皮捣蛋或让教师摸不着头脑的行为，让教师恼怒不已。不过，教师要认识到，儿童的学习是非常个性化的，每个孩子都有自己独特的学习方式，如果我们能耐下心来仔细琢磨孩子的奇怪行为，也许我们就能发现和理解孩子的原有经验。

 案例

丢 沙 包

在体育活动"丢沙包"的活动中，教师在墙上、树上挂了很多塑料小筐，让孩子们练习把沙包球丢进筐里。丢着丢着，教师

发现孩子们越靠越近。教师再三强调要离的远些,可是孩子们却不理会。

很多教师在遇到类似的情况时总是认为孩子们不遵守游戏规则,其实不守规矩的行为正是代表了儿童的经验成长。在上面这个案例中,孩子们就是慢慢摸索出了投准和距离之间的关系,有了"越近越容易投准"的经验,才会不断地靠拢去投。此时,教师如果运用游戏手段,增加"火"或"水"作为阻隔,给越远投准的儿童越高的奖励刺激,就能帮助儿童去挑战更高的发展水平了。

下面请做一组练习吧!

【1】请分析下面这两段话中儿童的语言,说说他们已经具有怎样的经验?还可以提升哪些经验?

对话1

宝宝:"老师,我爸爸的胳肢窝里也长了很多眉毛!"

对话2

在画"春天"的活动中
安安:"我想画春天的山,但春天的山应该涂成什么颜色呢?"
小小:"我认为山是绿色的,因为可以用绿色代表春天。"
来来:"我认为山应该是咖啡色的,因为山上有土。"
心心:"春天小草肯定发芽了,所以山上长草的地方应该是草绿色的,有土的地方是咖啡色的。"
红红:"山上的草也许被别人拔掉喂小兔子吃了,只剩下土,

所以山应该是土色的,但在春天小草很快又会长起来,又会变成绿色。"

【2】请分析下面这段情节中儿童的语言,思考孩子们的经验和教师的意图之间存在什么差距?

在表演环节,教师给男孩穿上披风、戴上眼罩说:"现在你们都是侠客佐罗啦!快跟着音乐神气地走起来!"男孩子随着音乐边走边转身,几个女孩在旁边兴奋地拍手说:"他们是陀螺!他们是陀螺!"

【3】请分析下面活动中乐乐的行为,你可以从哪些方面来理解他的行为?他在动作和社会性方面具备怎样的经验水平?

跨跳的孩子

今天张老师开展的体育教学活动是让孩子们学习助跑跨跳过一定高度。她先把捆成一排的牛奶罐摆了出来,大部分孩子都轻松地一跳而过,只有班里最矮小的乐乐勉强跳过;接下来张老师拿出用高一些的罐头捆成的障碍,孩子们玩得更起劲了——尤其是几个高大的孩子,但乐乐脸上露出一丝尴尬,不过他还是很认真地去尝试,结果不小心踢倒了罐子,他瞟了张老师一眼。小朋友帮助他扶起罐子鼓励他,让他重新再来,这次他终于跳过了,但他没有露出笑容。等到张老师拿出用最大号的奶粉罐做的障碍时,孩子们沸腾了,大部分的孩子练习的劲头十足,反复来回地跨跳,而乐乐却神色紧张,他一直磨磨蹭蹭,每次跑到奶粉罐面前就开始张望老师,发现老师不注意他便停住脚步绕开了……

（二）提问—试探法

上面我们所说的是一些教师被动观察儿童的方法。在教学活动的过程中，教师也可以运用主动的方式去发现或诱导出儿童的原有经验。通过提问去试探就是有效的办法之一。

1. 用指向性问题去试探儿童已有的经验

指向性问题通常针对以前讲过的内容或幼儿已经具有的经验，是引发幼儿回忆、唤醒幼儿前经验的一种方法。

（1）指向角色或材料的认知。比如，教师讲完故事后问："刚才故事中都有谁？"或在幼儿操作完成后问："你刚才用了什么？它是怎么样的？"

（2）指向情节的记忆。比如，教师讲述故事片段后问："故事中的小兔子是用什么方法和大兔子比赛谁更爱谁的？"

（3）指向技能的巩固。比如，教师在开展纸工活动时问："上次我们折过一种小花，你们还记得吗？最难的是哪个地方？"

（4）指向情感的体验。比如，教师在教学活动快结束时问："今天的游戏（或活动）你们玩得开心吗？你最喜欢哪个部分？"

指向性问题指向明确，它的作用是引起幼儿对原有经验的回忆，帮助教师了解儿童的原有经验和水平。当教师了解了儿童的现有经验后，就能决定是再重复回顾一下这些经验，还是继续下面的学习内容。

2. 用开放性问题去试探儿童经验发展的程度

开放性提问有一个共同特点，即它们都不具有现成的答案，需要幼儿在理解内容的基础上具有自己的想法，并寻找根据进行解释，这种理解和解释就是幼儿所进行的高级思维活动，体现的就是儿童认知的发展。所以教师在教育活动中的提问过程就是不断地在试探儿童认知发展水平的过程，从而决定如何进一步去引导、促进幼儿。所谓的"抛接球"，就是"试探—发现—提升—再试探—再发现—再提升"的过程。

（1）用理解式问题去试探儿童的经验发展趋势。对学习内容的理解是儿童在认知过程中借助于概念、判断、推理反映现实的过程，是学习内容在个体身上留下的痕迹，即儿童"自我建构"了什么。所以试探儿童的逻辑思维水平既可以了解儿童对学习内容的掌握程度，也可以发现儿童经验发展的趋势。

比如，在针对故事《金色的房子》开展的教学活动中，当教师讲到小姑娘一个人在家很孤独时问孩子们："为什么小动物们都不和小姑娘玩了呢？"幼儿必须根据自己对故事前半段的理解来回答，比如"小动物怕又把小姑娘家弄脏，所以不来了"或"小动物们生气了"等。教师根据儿童的回答可以发现，这些孩子的回答都具有高水平的逻辑判断力，说明他们对故事内容及中心思想已经掌握了；更重要的是，通过儿童的不同回答能让教师发现儿童经验的不同发展趋势，比如前者的回答反映的是对交往过程中行为礼仪的认知，而后者的回答则反映了交往中对他人情绪情感的理解。

（2）用联想式提问去试探儿童的经验链接情况。联想是从一个事物联系到另一个事物的过程。对于儿童来说，新的认知经验如果能和旧的认知经验联系起来，那才是真正掌握和理解了新的经验。所以教师通过对儿童经验链接情况的试探，可以把握儿童经验成长的现状。

比如在针对图画书《大卫，不可以》开展教学活动时，当阅读到大卫种种不适宜行为的画面时，教师可以通过提问"你犯过和大卫一样的错误吗？当时情况是怎么样的？有人批评你吗？你的心情怎样"来试探幼儿能否链接自己的相关经验，从而判断幼儿对故事中角色的行为或心情的理解情况。

再比如在社会活动"爱护地球妈妈"中，在讲到一些不文明的行为后，教师可以通过提问"你平时看到过有人爱护我们的环境、爱护地球妈妈的事情吗"来试探幼儿能否把"爱护地球"链接到自己身边普通的事情和行为上来，从而形成"文明的行为就是爱护地球"的认知经验。

（三）操作—检验法

儿童的认知是在与周围事物的互动中建立并完善起来的，操作是其发展认知的重要方式。所以教师可以通过设计操作活动，在幼儿摆弄、尝试的过程中去发现和判断他们的经验。

1. 运用前置性操作来观察幼儿已有的经验

传统的教学方法往往是教师讲，幼儿学习、记忆、理解。这样的教学方法比较容易忽视儿童的原有经验，教师只要把自己想要交给孩子的内容告知孩子即可。而目前流行的发现式学习、探究式学习则非常强调幼儿自己发现问题、解决问题并得出结论。前置性操作就是这些学习方式中常用的策略，也就是教师先不告知儿童需要学习的内容，而是让儿童自己去尝试、去发现。在这个探究发现的过程中，儿童就需要运用已有经验进行假设，然后再去发现新的认知增长点。这个过程，就给了教师了解儿童原有经验的机会，而后续的经验梳理和提升就能准确有效了。

案例

沉 和 浮

王老师这天要组织大班孩子开展一个关于"沉浮"的科学活动。她出示了各种各样的材料，请小朋友先用它们去大水缸里玩一玩。于是，孩子们欢快地玩了起来。他们有的用几块塑料积木拼成"小船"，载上"小人"去"旅游"；有的用橡皮泥团成几个大小不一的球，比赛谁的球先沉到底；还有的则在浮着的玩具里加水，一直到玩具沉下去……

通过观察，王老师认为孩子们关于物体沉浮的经验已经非常丰富，甚至他们已经开始对"沉浮状态可以变化"这一概念有所发现了。于是，王老师改变了原计划，把重点放在让孩子们挑战用不同的方法让沉下去的东西浮起来或让浮着的东西沉下去。这个活动非常吸引孩子，他们乐此不疲、反复操作，个别孩子甚至用了7种不同的方法让一个大玻璃球浮起来。

2. 运用后缀性操作来检验儿童新经验的生成情况

当儿童经历了主要的学习过程后，教师会希望知道儿童对新的认知是否已经理解掌握，或者新经验究竟达到哪个程度。那么此时设计一些操作活动，让儿童的新经验自然呈现就是一种很好的了解和检验方式。同时，这些操作活动也能帮助儿童运用新经验，让新的认知更加巩固。

 案例

教师在带领中班幼儿开展教学活动"模式排序"中，首先通

过让孩子们观察身边很多的实物，发现了"ABABAB"的排列规律。之后，教师拿出各种小花片、小积木，请幼儿自己来试一试排出这个规律。结果发现，有部分孩子能准确地选择两种材料进行排序；很多孩子只注意到材料的颜色而没有注意到材料的大小不同；还有的孩子则前面排得有规律，后面就随心所欲地拿喜欢的材料排下去了。这些都说明孩子们对模式排序还理解得不够深刻。

下面来做一组练习，试一试如何去发现儿童的经验水平。

【1】在用下面这个音乐素材开展小班节奏乐活动时，你认为儿童应该具有怎样的生活经验和音乐领域的经验基础？在活动过程中，你可以通过怎样的方式来试探儿童的经验发展情况？

哈巴狗

$1=C \frac{2}{4}$
小快板 愉快地

1 1 1 2 3	3 3 3 4 5
一只哈巴狗	坐在大门口
一只哈巴狗	吃完肉骨头

6 6 5 4 3 -	5 5 2 3 1 -
眼睛黑黝黝	想吃肉骨头
尾巴摇一摇	向我点点头

【2】你可以设计怎样的问题群来试探小班儿童听了下面的故事以后获得的经验？

小老鼠打电话

冬天到了，天气越来越冷了，小老鼠们挤在一起谁也不愿意去找吃的。有一只叫啦啦的小老鼠忍不住了，说："不行，不行，这样下去会没命的，我有个好主意！我有个朋友叫嘻嘻，他的主人家里有好多奶油面包。我打电话叫他给我们送一些过来吧。"大家都高兴地说："好啊，好啊。"

啦啦拨通了电话，说："吱，吱，是嘻嘻吗？上次在你家吃的奶油面包可好吃了，还有吗？你能给我送一些过来吗？"电话里传来粗粗的声音："喵！我家奶油面包可多了，我马上给你送过去！"啦啦吓得大叫："呀，拨错电话号码了！老猫要来了，赶紧跑！"所有的小老鼠都吓得跑出门去。到了晚上，小老鼠们悄悄地回到家里，还好老猫没有来。小老鼠们有的拿出一点儿香肠，有的拿出一点儿饼干，还有的拿出一点儿糖果。原来出门能找到很多好吃的呢！小老鼠们真开心呀！

二、提升儿童的经验

上面我们谈了很多观察、发现、了解、判断儿童认知经验发展的方法。当我们发现和了解了儿童的现有经验或新经验的情况后，接下来需要做的就是帮助儿童进一步提升或巩固经验。这种帮助是一种教师主动给予的支持行为，因此既需要教师有目的、有步骤地计划，又需要教师根据教学现场儿童认知发展的情况灵活处理。同时，这种帮助和支持既可以通过教师和幼儿面对面的互动来实现，也可以通过中介物来传递。你可以试试按照下面的方式做：

（一）"对话—互动"式提升

对话和互动是师幼及幼幼之间一种交互作用和相互影响的过程。对话和互动不是简单的问答，而是蕴含教育目的的相互倾听和言说，从中获得认知的提升、精神的交流和价值观的分享。这个过程不仅表现为提问与回答，还表现为交流与探讨、独白与倾听、欣赏与评价。所以，这是推动和促进儿童认知经验发展的最直接的和最有效的方法。

1. 用递进性问题提升儿童的思维

在第八章中我们已经说到，问题是很有用的教学支架，能有效地提升孩子的经验和水平。所以，通过补充性、延展性的追问去拓展幼儿更多的知识和经验；用转换问题对象或角度的方式帮助幼儿深入认识某一个问题或用逆向思维的方式提升幼儿思辨的能力等都是很好的策略。这里不再赘述。

2. 用争议式互动去完善儿童的现有经验

争议，是指教师在某种情境之下请幼儿根据自己的经验进行自由的探讨，充分表达自己的想法和意见的过程。这个过程让儿童能听到他人的不同意见，从而从不同的角度去完善自己的认知。

在《大卫，不可以》图画书教学的最后，教师问幼儿："你喜欢大卫吗？为什么？"幼儿可以根据自己的思考做出不同的回答，比如"不喜欢，他太调皮了"、"喜欢，因为他改正错误了"等。看了书以后大多数儿童会认为大卫是个调皮捣蛋的孩子，应该不被人喜欢，但是当他们听到"改正错误还是好孩子"、"虽然调皮，但是妈妈依然爱他"这样的意见后，就能从全新的角度去丰富自己的经验了。

案例

在《小男孩抓熊》的图画书教学中,教师讲到小男孩要出门去抓熊时,请幼儿讨论:"他该带一个大大的包去好呢,还是该带一个小小的包去好呢?"孩子们充分表达自己的思考,有的说:"带大的包能装上所有用得上的东西。"有的说:"带小的包可以轻一点儿。"认为外出应该带上大包的孩子听到带小包可以减轻负担的意见时,就会多一个思考的角度,从而完善自己的经验。

从上面的案例中我们可以发现,争议式的互动排除了教师灌输的成分,是儿童基于原有经验通过自主、自发、讨论、共享得来的新经验,这种经验特别宝贵,这种提升儿童经验的方法也是很有价值的。

3. 用迁移式对话去诱导儿童的经验发展

迁移是一种学习对另一种学习的影响,是指在一种情境中获得的技能、知识或态度对另一种情境中技能、知识的获得或态度的形成的影响。在儿童的学习过程中,教师可以让迁移成为新旧经验的桥梁。

在大班语言活动"全世界的洞洞"中,教师和孩子们边朗诵诗歌边理解了各种有趣的洞洞。在孩子们能较为熟练地朗诵诗歌后,教师问:"请你们再找找,哪里还有有趣的洞洞?它是怎样的?"当孩子们找出某一事物后,教师说:"你能用诗歌里的话来告诉大家吗?"于是,孩子们努力运用诗歌中的句式,把自己找到的洞洞编了进去。

这个仿编的过程就是一种迁移，通过迁移，孩子们能对诗歌中所指的"洞洞"有更清晰的认识，同时，仿编的过程中也能加强孩子们对诗歌优美句式的掌握。

再比如，在舞蹈教学活动"花儿朵朵"中，教师请幼儿根据某个乐句创编动作时提问："请你们想一想，花儿还会怎么开放呢？"或"你还可以用什么动作来表示花儿是如何开放的呢？"这些都是请儿童调动原有经验来创造性解决目前问题的方法。

（二）"操作—感悟"式提升

儿童是在操作—感悟的过程中逐步提升认知经验的。所以，通过一些中介来给予儿童更多的操作体验的机会，让儿童有更多的时间去感悟吸收知识非常重要。你可以试一试这些方法：

1. 展现法

展现法是指利用中介物让儿童把自己的经验呈现出来，既有助于儿童自己去发现、感悟自己的水平，也可以让儿童之间互相观察，从而丰富和提升原有经验。

在体验活动中，教师非常习惯于把动作要领讲解示范给儿童看，然后要求儿童按照所谓的"规范"的动作来练习。而展现法，则让儿童自己在与事物的互动中呈现原有经验，然后在操作探索中逐步提升。比如图9.1中的儿童，如果教师不教给他们爬过梯子的方法，孩子们自己过不去吗？当然不是，他们会凭经验这样试试，那样试试，逐步调整身体的平衡，找到属于自己的方法。几次以后，爬过梯子的方法就会越来越合理，动作也会越来越协调。同时，孩子们也会观察汲取同伴的经验，改善自己的动作，这样爬梯经验就得以提升。

图 9.1

2. 实用法

实用法是指让孩子们去真实环境中实践新经验，从而巩固和提升新经验。比如在音乐教学活动中，当儿童在学唱歌曲中感受理解了某节奏后，教师让儿童用身体动作和乐器来表现这个节奏，这就是让儿童在更多的通道中去实践运用经验。又如在数学活动中，当孩子们用游戏的方式学习了如何帮小动物找到第几排、第几个的坐标位置后，那么最好让他们在生活中也能试一试为班级的茶杯箱编编号、去小区楼房里找找某朋友的家、去影院找找座位等。这种实践活动能让儿童摆脱死板的机械记忆，让经验和解决问题联系起来，这样的经验才是一种真实的成长。

3. 演绎法

这里所说的演绎，是指让儿童把普遍性结论或一般性事理运用到个别事物上去，从而不断积累、调整、提升经验。

 案例

在孩子们了解了"磁铁能吸住铁的东西"这一特性后，教师让孩子们用磁铁去吸附更多的物品。孩子们发现很多金属并不是

"铁"，虽然外貌和铁制品一样，但是不能被磁铁吸住。同时，孩子们也观察到，不同形状的磁铁吸力不同，同一块磁铁的不同部位吸力也不同……

由上述案例可知，这种把一般性事理演绎到更多个别化事物上去的过程，使儿童的学习不拘于机械记忆一些普遍性的结论或一般性的知识，从而帮助儿童发现更多的问题，积累、提升更多实践的经验。

4. 归纳法

归纳法是指教师帮助儿童梳理个别、零散的认知经验，从更高层面进行总结，提升经验的条理性的一种方法。

案例

在进行消防安全教育中，当教师问到如果遇到火灾应该怎么办时，孩子们有的说拿毛巾，有的说逃下楼，有的说打119电话报警……于是，教师帮助孩子们梳理归纳出：遇到火灾时，首先能逃则马上逃出现场；如果被大火困住了，要呼救、拿湿毛巾捂住口鼻、趴在地上躲避烟雾等；如果发现某处起火要及时通报大人，打火警电话等。

这种理性梳理能有效地帮助儿童建立处理问题的条理性。某幼儿园在逃生训练中，就发现有儿童明明在门边可以迅速逃离，可偏要折进很远的卫生间去拿毛巾掩口鼻。因为这些儿童在接受安全教育时获得的零散信息没有被梳理归纳，所以缺乏综合判断的经验。

5. 反馈法

反馈法是指教师要及时捕捉儿童学习现场的信息并及时反馈给他们，让儿童之间实现经验的互享。

比如在科学活动中，当很多儿童在实验中遇到困难时，教师可以适时用某些儿童的操作方式提示他们："有的小朋友在试着……"又如在美术水粉画活动中，教师也用反馈某些儿童的做法来提升其他儿童的经验："××小朋友画画的时候很注意不让水粉从笔上滴下来弄脏纸呢！你也可以试试有没有好的办法。"

反馈法的价值在于这种经验不是教师灌输的，只是给予儿童一种参考，让儿童能用自己的方式去再思考、再调整，从而真正成为自己构建起来的经验。

上面讲了很多促进儿童经验提升的方式，下面请来做一组练习。

【1】在"五一"劳动节前夕，教师在进行"劳动的人们"这个主题活动时，需要和孩子们谈论"清洁工"这个职业。请设计一组提问（或对话）来帮助孩子们丰富对"清洁工"的认识，要求这组提问（或对话）要能体现如何去发现和唤醒儿童已有的经验、如何诱发儿童从多个角度来交流自己的经验以及如何帮助儿童进一步梳理和丰富对这个职业的认知等内容。

【2】在带领中班儿童开展关于"沉浮"的科学活动中，你觉得儿童可能已有的经验是什么？是从哪些情况下得到的？你认为还可以提升的经验有哪些？可以运用哪些方法来提升？

修炼 10

活动现场灵活应变的技能

虽然教学活动是教师有目的、有计划、有准备的活动,但是教学现场是灵活生成的。因为儿童的个性、兴趣、经验、思维方式的不同会让教学过程充满多样性和不确定性,同时环境和意外的因素也会影响到教学活动的进程。下面我们来看两个案例:

案例1

在一次科学活动中,教师出示了一个玻璃杯,里面有一个乒乓球,请孩子们想办法将乒乓球取出来。"用水灌出来"、"用筷子夹出来"、"用手抓出来"、"把杯子翻倒过来"……幼儿的回答让教师很高兴,教师正准备总结,突然一个小朋友站出来,扬扬自得地说:"我把杯子摔破,乒乓球不就出来了吗?"这个回答出乎教师的预设,教师一时愣住不知该如何回答……

案例2

在故事教学活动中，一只飞虫突然飞到教师的肩膀上，一个眼尖的小朋友看到了马上告诉教师："老师，你衣服上有虫子！"教师马上尖叫着抖落虫子，孩子们也尖叫起来，几个胆大的孩子跑上前来抓虫子，教室里乱成了一锅粥……

从上面的案例中我们可以看出，教学现场所出现的意外一般有两类，一类来自于教学活动内容本身，由孩子们在学习过程中遇到的问题、困惑、难点、另类的思路等组成；另一类则是由外界的意外事件带来的干扰。要想处理好这些"意外"，教师需要具备灵活应变的技能。请看看下面三位教师在某教学场景中的不同回应：

案例3

王老师正在为实习生们上示范课，内容是大班儿童诗《春雨的色彩》。没想到天真的下起小雨来，于是王老师便请孩子们边念诗边到窗边观赏绵绵春雨。突然一个小朋大声喊道："老师，玻璃出'水痘'了！"实习教师A说："瞎说，玻璃怎么会出'水痘'呢？那是雨水。"实习教师B拉拉孩子说："让你念儿歌呢，快念儿歌！"王教师接口说："你观察得很仔细。玻璃上的'水痘'是怎么回事呢？谁愿意来说一说？"孩子们七嘴八舌地说："是雨水一滴一滴落在玻璃上的缘故！"王老师继续说："那么请你们看看玻璃上的水滴，你看到春雨是什么颜色的？能编到诗歌里去吗？"活动顺利地继续下去……

从上面案例中我们看到教师们的不同应变方式。实习教师B应对孩子节外生枝的办法是"扭",要求孩子放弃想象而回到教师预设的教学轨道上来。实习教师A则是"止",一句话把孩子的思维终止了。王老师则是"导",她首先肯定孩子们勤于观察思考的习惯,然后顺着孩子们的思路让他们自己来解读观察到的现象,最后还巧妙地利用了孩子们的观察推进了教学,可谓一举三得。

教学活动中灵活应变的技能,考验的是教师的教育智慧。但值得我们注意的是,灵活应变的方法有很多,但不同的事件需要不同的处理,同样的事件也需要教师因人、因地、因景灵活处理。那么,怎样应变才符合孩子的身心特点并能促进孩子的学习发展呢?这就需要教师做到以"不变"应"万变"。"不变"是指应对的原则不能变,"万变"是指方法和手段要根据不同的孩子和实际情况灵活选用。这就告诉我们,教师教学现场灵活应变的教育智慧包括应变原则和应变技巧两个方面。教师需要重视对应变原则的掌握,因为原则是教育理念的体现,是选用技巧的根本所在,只有在正确的理念指引下,应变的手段和方法才是科学合理的。所以在教学现场遇到问题时,教师首先应该把握这些原则。

(1)尊重。现场应变的质量在很大程度上取决于教师的儿童观和教学观。如果你认为儿童是一张白纸,把教学中师幼关系定位为一种教育与被教育、指导与被指导的关系,那么遇到问题时你就会用命令和要求来进行应对,呈现出"控制—执行"、"管理—服从"、"灌输——接受"这样的单向、僵化的模式,使幼儿始终处于被动、消极、紧张的状态中。如果你认为儿童是一个与你平等的、有独立人格的学习者,他天生拥有自我认知和建构的权利

和能力,那么在突如其来的问题情境中你就会尊重他的想法、包容他的错误、欣赏他的不同思维,就会用"倾听—包容"、"点拨—分享"、"表达—交流"、"尝试—支持"等多元化策略来应对。

(2) 理解。教学的目的是什么?是完成教学任务还是促进孩子的发展?要知道,教学不是"填鸭",不是教师忙着把自己准备好的知识喂给儿童,而是儿童在教师的引导下自我吸收、建构,所以教学的目的不是"教师讲解—幼儿记忆",而是儿童在与教师、同伴的沟通、对话、交流与合作中去体验、去思考,所以儿童在学习过程中出现的种种出乎你意料的思维或行为,正是他学习的需要或问题的所在,教师要能理解并及时吸纳到自己的教学中来,而不是简单粗暴地予以否认或忽略。

(3) 顺应。我们知道,幼儿是以无意注意为主的,周围环境中出现的各种突发事件都有可能会影响到他们。很多教师在遇到这样的情况时常常很生气,会坚持维持当时的教学秩序,制止孩子注意力分散。但是这样做,一则不能真正拉回孩子们的注意力,二则容易对他们的情绪和心理造成伤害,反而得不偿失。所以教师在遇到意外干扰时要注意顺应儿童的思路,从中寻找教育契机,让负面的事件成为正面教育的机会。

上面只是提了几个简单的原则,但这些原则告诉我们,教学活动中的临场应变首先要防止伤害儿童的情绪;其次要保护儿童独特的行为,从中寻找儿童发展的空间;最后要能利用这些不利因素来促进儿童的学习和个性成长。因此,你可以为自己提出一些应变原则,并思考你为什么制定这些原则来指导自己的应对行为。

当然,在正确的理念指引下,很多教师在遇到突发事件时能够做到尊重和理解孩子，但是在正确引导、巧妙化解的技术上显得力不从心，可以试试这些方法。

1.听之任之——尊重孩子的错误，包容出现的问题

 案例

撕纸是小班幼儿喜欢的活动。为训练孩子们手指的灵活性，李老师设计了一个美术活动"小餐厅"，请孩子们扮演小厨师一起来撕"面条"。活动中孩子们兴致极高，都非常认真地撕着。可是李老师发现强强虽然撕得很认真，但他撕的不是"面条"，而是一块块的"面片"，李老师不知道该不该纠正强强的撕法。

大多数教师遇到这种情况会"及时"地指出孩子与老师要求的差距，提醒孩子撕错了。但是这种"好心"的提醒首先会打断孩子专心的活动，其次会打击孩子活动的积极性，因为如果是孩子没听清楚老师的要求，那么他会感到惭愧；如果他是只会这么撕或者是喜欢这样的撕法而被教师提示错误，那么他会感觉沮丧。所以，"听之任之"，让孩子先按照自己的方式活动是不错的选择。因为在这个案例中，虽然孩子的行为和教师的要求有一些出入，但是总体来说还是达成了"训练手指灵活性"的要求。《幼儿园教育指导纲要（试行）》明确提出，要让孩子"能用自己喜欢的方式进行艺术表现活动"，所以强强用自己的方式操作应该得到尊重。

当然，在尊重儿童的同时，教师应该观察所有孩子的操作情况。如果大部分的孩子都撕不好长长的面条，那么教师就应该降低要求，等待孩子们的发展，而不要操之过急，不断强调面条要

撕得长长的,因为这样会对孩子的操作产生压力,当孩子们觉得总也达不到老师的要求时,会失去自信。

如果其他孩子都撕得很好,只有强强撕得不一样,那么教师应该委婉地向强强了解他撕面片的原因。比如:"你撕得很特别呀,这是什么?""为什么是一片片的而不是一条条的?""老师很想吃很长很长的面条,下次你愿意给我做一碗吗?"总之,在不违背教育目标的情况下,教师要放慢教学的脚步,让孩子用自己的方式和速度发展。

2. 趁热打铁——抓住矛盾冲突,提升孩子的学习

案例

接上面案例中的话题,在做面条活动快结束的时候,孩子们都把自己做的面条展示出来。这时,红红突然大叫起来:"老师,强强做的不是面条,一点儿也不好!"其他小朋友也凑过来看,强强看着自己的面片和其他小朋友做的面条,一脸尴尬。

教师可能在很多时候遇到过这样的情况,当孩子们发现某个小朋友的做法和大家的不同时,会提出疑问,甚至有时候还会引起激烈的争论。在此类场景中,教师首先应该注意保护孩子的自尊心,帮助他们解围;然后不妨利用争论的矛盾焦点趁热打铁地进行引导。比如在上面的案例中,教师可以顺着红红的话说:"红红看得很仔细,能发现强强的面很特别。你发现强强做的面条和你们做的有什么不一样啊?"然后可以问强强:"你做的是什么面?是怎么做的?请你向小朋友来介绍一下吧!"最后可以总结:"原来强强做的是方方的面片,你们做的是长长的面条,都很不

错哦!下次强强也会做很长很长的面条给你们吃呢!你们也可以做些其他形状的面片哦!"这样一来,不仅平息了争议,还给所有的孩子都提出了进一步学习和发展的目标。

3. **声东击西——转移孩子的注意力,忽略干扰因素**

案例

在一个小班体育活动中,张老师请孩子们当"小猫",自己做猫妈妈带小猫们一起出去做游戏。淘气的军军突然发出了一声猫叫:"喵!"于是其他孩子也跟着"喵喵"地叫起来,一时间教室里猫叫声越来越大,完全盖住了老师的声音。张老师一时不知道该怎么办。

这也是教师在教学活动中经常会遇到的情景,孩子们在学习过程中因为太投入控制不住情绪,过于兴奋和激动,影响了教学的进程。此时如果教师用力制止、批评孩子,会打击孩子的积极性,影响他们接下来的活动情绪,所以最好是声东击西转移孩子的注意力。比如在上面的案例中,教师可以让孩子们大声叫几声过把瘾,然后突然东张西望地说:"哎呀,好像有老鼠,你们快帮猫妈妈找找!"当孩子们的注意力被吸引过来时,教师可以轻声提示:"轻一点哦,不然老鼠听到就要逃跑了!"当孩子们完全静下来后,教师再乘机引导到教学情境中去:"小猫真能干,会轻轻说话、轻轻走路呢。现在,我们轻轻地出去做游戏……"

4. 顺水推舟——顺应突发事件,追随孩子的兴趣

 案例

冯老师正在给大班的孩子们讲故事,窗外突然传来一阵"轰隆隆——咚咚咚"的声音。冯老师努力提高声音,可是孩子们还是骚动起来。有的孩子捂住耳朵说:"吵死了!"有的孩子开始东张西望,还有几个大胆的孩子涌到窗口去看个究竟。原来楼下的水管爆裂,施工队正在紧急抢修。听着窗外轰鸣的声音,看着孩子们兴奋的表情,冯老师感到无计可施了。

外界的突然干扰对教学活动来说也是常见的。比如教学活动进行到一半时忽然打雷下大雨了;或者自己班级的孩子还在画画,其他班级的孩子已经出来活动,游戏的声音让孩子们心猿意马……很多教师为完成教学计划,面对这样的情况还是希望能把孩子的注意力拉回来,继续原来的教学,但效果甚微。《幼儿园教育指导纲要(试行)》明确告诉我们,教学内容要"贴近幼儿的生活来选择幼儿感兴趣的事物和问题"、"教育活动的组织形式应根据需要因时、因地、因内容、因材料灵活地运用",所以此时最好的办法是顺水推舟,找出干扰因素中的教育价值,灵活应变。针对上述案例,教师不如索性让孩子们都来观察一下工人们是怎样抢修水管的,看看他们用了什么工具、穿了什么衣服、做了哪些事情,不但让孩子们用语言描述出来,还可以让他们用画笔画出来,即时生成一组有价值的活动内容。特别是对打雷下雨等自然现象的观察了解,本来就是大多数幼儿课程中都会有的学习内容,教师不妨就提到这个时候来进行,使儿童的学习更具时

效性和情境性。

5. 换梁接柱——调整原有计划，修改既定策略

为促进孩子们大肌肉运动的灵活性和协调性，中班的王老师设计了一个"狐狸和小兔"的体育活动。当指定的音乐出现时，扮演狐狸的小朋友要飞快地去追捕扮演小兔子的小朋友。可是当孩子们四处逃窜时，丁丁和牛牛却嬉笑着站在原地，不时往狐狸的面前凑，轻声喊着："来抓我呀，来抓我呀！"扮演狐狸的小朋友愣了愣，便一把抓住了他们。根据游戏规则，丁丁和牛牛可以扮演狐狸了。他们开心地去抓小兔子，可这时有更多的小兔子不再逃跑，也往狐狸面前凑，丁丁和牛牛有点狼狈，游戏进行不下去了……

这个案例中的情景也是教学活动中可能会出现的插曲，个别孩子或因为调皮故意和活动规则唱反调；或因为某种目的，如想当狐狸去抓兔子，致使活动进行不下去。遇到这样的情况，教师不能用批评的方式去制止，因为即使制止了丁丁和牛牛，还会有更多的孩子模仿，游戏原有的趣味性已经消失了。此时教师需要换梁接柱，调整游戏规则，让活动重新吸引孩子。于是，王老师尝试这样做：

王老师把孩子们召集起来说："这些送上门来的兔子要被关在狐狸家里了！哪只小兔能救出被关起来的小兔子才能扮演狐狸哦！"之后，游戏重新开始，不过游戏的重点有些改变了，被抓住"关"起来的"兔子"只能坐在中间的座位上干着急，其他的"小兔"则觉得特别好玩，因为他们既想接近被关起来的"小兔"，又要躲避"狐狸"的追捕，只有解救成功他们才能变身"狐狸"，

十分有挑战性。现在再也没有"兔子"愿意往"狐狸"面前凑了，孩子们在游戏中玩得十分尽兴。

如果从儿童心理的角度去分析，活动最初进行不下去是由于原来的活动目标或游戏规则已经不能满足儿童学习发展的需要造成的，所以，现场的应变应该从调整活动的难度方面去考虑。王老师的措施非常有效，她不仅及时提升了游戏的难度，还增加了游戏的趣味性，让变身狐狸不那么容易，使孩子们的游戏行为重新回归到"运动的灵活性和协调性"上来，效果非常好。

6. 欲擒故纵——利用不恰当的言行，点拨正确的言行

 案例

在共同阅读了图画书《我爸爸》后，魏老师请孩子们来讲讲自己的爸爸。大多数的孩子都讲了自己爸爸最让他们感到自豪的地方，如爸爸的力气很大；爸爸的个子很高；爸爸的手很灵巧，会做玩具等。轮到金金时，他站起来边比画边说："我爸爸很胖！肚子都鼓出来了！"他夸张的手势和调皮的表情惹的所有的孩子都哈哈大笑，有的孩子还大声附和："我爸爸也很肥的！""我爸爸的脚很臭的！"现场闹哄哄地，魏老师一时不知该如何接口。

不可否认，孩子这样说有点调皮捣蛋的意思，不过这种调皮并没有恶意，因为说的是事实，孩子这样说也表达了对爸爸特别突出的一种感受。但是这样一来，孩子们把注意力集中到爸爸的缺点上去，违背了教师开展这个阅读活动的初衷，所以教师需要灵活应变。魏老师是这样应对的：

魏老师顺着孩子们的话说:"哦,原来爸爸还有那么多的缺点啊!看来你们很关心爸爸,所以才能这么了解爸爸!"听到老师这样说,孩子们更得意了。魏老师继续说:"爸爸有缺点,难道你们就不爱爸爸了?"听老师这么问,孩子们静下来了。金金大声说:"我爱爸爸的!"魏老师立刻接上话:"连爸爸的缺点都爱,那你可是真的很爱爸爸呀!"这下,孩子们都开始表态:"我也爱我爸爸的!"魏老师趁机说:"虽然爸爸有点胖,但是他的力气很大,金金还是很爱爸爸!你们会用这样的句子来说说爸爸吗?"这下孩子们乐了,重新回到故事教学的轨道上来了。

7. 金蝉脱壳——忽略当前问题,留下后续学习的动力

 案例

大班幼儿正在进行图画书《克里克塔》的阅读教学活动,当黄老师讲到老奶奶的儿子在遥远的地方研究爬行动物时,孩子们对爬行动物发生了兴趣。"哪些是爬行动物呢?"黄老师提问。有的孩子说蜥蜴是爬行动物,有的孩子说乌龟是爬行动物,黄老师微笑着频频点头。忽然玲玲站起来说:"马是爬行动物!"黄老师还没回答,东东就站起来说:"马不是爬行动物,蚂蚁才是爬行动物!"黄老师用惊奇的语气问:"哦,蚂蚁是爬行动物吗?"东东理直气壮地说:"马是站在地上的,蚂蚁不是在地上爬的吗?"强强听了说:"蛇也是爬行动物,它也在地上爬的!"孩子们七嘴八舌地吵起来。

上面案例中所描述的场景也是很多教师在教学过程中遇到过

的。孩子们的争议，和教学内容有关，但是争议的话题核心不是本次教学活动的重点，同时，该话题也不是当时能用几句话解决的，因为教师如果直接给以"某某动物是爬行动物，某某动物不是爬行动物"的结论，那么孩子们还会列举更多的动物来请老师判断，而为什么这些是、那些不是，更不是三言两语能说清楚的。所以在此，黄老师决定"金蝉脱壳"，把这个问题留到以后解决，于是她这样做：

黄老师伸手制止了孩子们的争吵，微笑着说："我发现了，我们班的小朋友，有的已经知道哪些是爬行动物了，还有的小朋友不太知道什么是爬行动物。那么回去请大家好好研究一下，到底什么是爬行动物，它们都有怎样的特点。现在，我们还是来看看，老奶奶的儿子到底研究的是哪个爬行动物？"听老师这么一说，孩子们的注意力都回到图画书上来，一个个伸长脖子想知道故事的下文。

从上面案例我们发现，教师在灵活应变的时候要能迅速判断回应的问题是否具有即时解决的价值，如果不是能马上解决的，不妨留下疑问，在以后的时间里组织后续活动深入地解决。

下面请做一组练习，看看遇到这些情况时，你会如何灵活地应变。同时，请你说明为什么这样做，理由是什么。有可能的话和同伴一起讨论，看看其他老师是否有不一样的应答，理由是什么。

【1】请看下面的案例，分析孩子为什么会提出这样的"怪"问题？设想教师可以如何灵活应变？思考怎样的应变既不打击孩子们学习的积极性，又能把讨论引领到活动主题上来？

在科学活动"落下来"中,在引导幼儿发现地球具有吸引力这一现象后,教师请孩子们通过寻找生活中的更多的实例来验证,比如苹果熟了落到地上;雨水从天上落下来;皮球被抛起来后最终还是会落下来……正说得起劲,涵涵突然喊起来:"风筝不是飞在天上吗?它怎么没有落下来?"旁边的小宇听闻也喊起来:"对呀,小鸟在天上飞,也没有落下来呀!"其他孩子都愣住了,教师也一时语塞,不知如何应对。

【2】如果遇到下面案例中的场景,你会怎么办?有几种应对方式?分析不同的应变行为各有什么优点?

在带领大班幼儿开展绘本阅读活动"小猪变形记"时,教师计划和孩子们边猜测边讲述故事。可翻开第一页,刚讲到小猪很无聊,出门碰到长颈鹿时,敏敏就站起来说:"它去学长颈鹿的样子了!它踩到高跷上去了!"教师一怔来不及接话,敏敏继续得意地说:"这本书我看过的!"其他的小朋友都瞪着敏敏,教师的脸涨得通红,不知该如何把活动继续下去。

【3】请看下面的案例,分析在此场景中孩子的心理。如果是你,你会怎么应对?为什么?

张老师正在组织孩子们开展音乐活动"鞋子也会哒哒响",孩子们学得非常投入,歌曲欢快的旋律和极具韵律的节奏让孩子们的情绪越来越高涨。渐渐地,孩子们在跟着音乐跺脚时声音越来越响,而且为了让自己的跺脚声超过他人,孩子们就不再顾及音乐的节奏,而是嬉笑着使劲跺脚,脚步声盖过了音乐,闹哄哄的……

万千教育图书目录

代号	书目	著、译者	定价(元)
幼儿园区域游戏指导系列			
J1372	幼儿园创造性游戏：环境创设与活动指导	A. Barbour著　王连江译	32.00
J1386	幼儿教育课程（第四版）	K. E. Catron等著　李敏谊等译	82.00
J1293	幼儿园自主游戏观察与记录（全彩）	董旭花　等著	58.00
J1116	幼儿园区域活动——环境创设与活动设计方法	王微丽　主编	60.00
J1124	幼儿园创造性游戏区域活动指导	董旭花　等编著	32.00
J1125	幼儿园自主性学习区域活动指导	董旭花　等编著	35.00
J1051	小区域　大学问——幼儿园区域环境创设与活动指导	董旭花　等著	30.00
J1214	幼儿园区域活动现场指导艺术	董旭花　等著	38.00
J963	如何有效实施幼儿园主题性区域活动	秦元东　等著	24.00
J869	幼儿园科学区（室）：科学探索活动指导117例	董旭花　主编	28.00
J1309	幼儿园室内外建构游戏指导	邵爱红　主编	36.00
幼儿园区域游戏指导系列合计			455.00
幼儿园教学活动设计指导系列			
J1351	幼儿园绘本美术活动创意设计（全彩）	郭莉萍　赵福云　主编	68.00
J1107	幼儿园综合主题活动——设计技巧与优秀案例	赵旭莹　等主编	42.00
J1030	幼儿园节日活动精彩设计方案	刘洪霞　主编	35.00

编号	书名	作者	定价
J1066	幼儿园美术活动创意设计（全彩）	罗梅 赵福云 主编	56.00
J1272	幼儿园优秀体育活动设计99例	朱清 侯金萍 主编	45.00
J1219	幼儿园优秀语言活动设计70例	郭咏梅 主编	26.00
J1188	幼儿园优秀美术活动设计99例（全彩）	陈学群 余晖 主编	58.00
J1189	幼儿园优秀健康活动设计80例	范惠静 主编	38.00
J1062	幼儿园优秀社会活动设计65例	伍香平 主编	25.00
J1065	幼儿园优秀科学活动设计88例	董旭花 主编	35.00
J1235	幼儿园科学探究故事20例	王明珠 主编	40.00
幼儿园教学活动设计指导系列合计			**468.00**
幼儿园家长工作指导系列			
J890	幼儿教师与家长沟通之道	晏红 著	28.00
J1299	幼儿园家长工作技能与艺术	莫源秋 编著	45.00
J1274	破解家园沟通的44个难题	胡剑红 主编	35.00
J1106	幼儿教师的家长工作技巧	张春炬 主编	34.00
J1097	幼儿园家长开放日活动设计与实践指导	卢筱红 主编	25.00
J1022	幼儿园家庭教育指导形式与方法	晏红 著	34.00
幼儿园家长工作指导系列合计			**201.00**
幼儿园班级管理指导系列			
J858	幼儿园班级管理技巧150	曹宇 译	34.00
J1091	打造幼儿园魅力班级的64个策略	莫源秋 等著	32.00

……
欲了解更多图书信息，请登录：www.wqedu.com
联系地址：北京市朝内大街188号D座902室　万千教育（邮编：100010）
咨询电话：010-65125990，65262933　　传真：010-65181109
*本目录定价如有错误或变动，以实际出书为准。